U0022616

Creative Teaching and Practice

幼稚園創新教學理念與實務

黃文樹・編

目　次

各篇作者簡介 1

導言——幼稚園創新教學理念與實務研討的緣起與意義 3

有效教學與創新教學 9

增強兒童創造力之淺見 37

「問想做評（ATDE）」創造思考教學模式與策略 65

多元智能取向幼兒園創新教學 99

建構主義取向幼兒數學與科學創新教學 123

幼稚園創新教學方案——統整主題單元的設計與評鑑 169

幼稚園創新教學理念與實務經驗分享一
——閱讀花園與創造繪本 FUN 一起 201

幼稚園創意教學理念及實務經驗分享二
——戲劇教學 235

各篇作者簡介

論文題目	作者	學歷	任教單位	職稱
導言： 幼稚園創新教學理念與實務研討的緣起與意義	黃文樹	國立高雄師範大學教育學博士	樹德科技大學師資培育中心	教授 兼主任
有效教學與創新教學	方德隆	英國威爾斯大學卡迪夫學院教育學博士	國立高雄師範大學教育學系	教授 兼系主任
增強兒童創造力之淺見	張玉成	國立台灣師範大學教育學博士	東海大學教育研究所	教授 兼東大附中校長
「問想做評（ATDE）」 創造思考教學模式與策略	陳龍安	國立台灣師範大學教育學博士	實踐大學企業創新與創業管理研究所	教授
多元智能取向幼兒園創新教學	鄭博真	國立高雄師範大學教育學博士	中華醫事科技大學幼兒保育系	副教授 兼通識教育中心主任
建構主義取向幼兒數學與科學創新教學	潘世尊	國立高雄師範大學教育學博士	弘光科技大學幼兒保育系	副教授

幼稚園創新教學方案：統整主題的設計與評鑑	游家政	國立台灣師範大學教育學博士	淡江大學課程與教學研究所	教授
幼稚園創新教學理念與實務經驗分享一：閱讀花園與創造繪本 FUN 一起	蔡淑娟	樹德科技大學教育學碩士	高雄市立前金幼稚園	教保主任（創新教學獎得主）
幼稚園創新教學理念與實務經驗分享二：戲劇教學	張怡芸	台北市立師範學院幼教學士	高雄市立前金幼稚園	教師（Super 教師獎得主）

導言

——幼稚園創新教學理念與實務研討的緣起與意義

黃文樹　教授

壹、楔子

由筆者主持的「教育部補助師資培育大學辦理學術研討會計畫」——「幼稚園創新教學學術研討會」，已於 2009 年 9 月 18 日（星期五）假樹德科技大學圖資大樓 LB103 國際會議廳隆重舉行。參與者將近有一百五十人之多，有來自全台北、中、南許多大學校院教育系所、師資培育中心及幼保系所之教授；有來自南部各縣市公私立幼稚園現職園長、主任、教師，其中有幼稚園創新教學獎得主及 Super 教師獎獲獎者；有本校（樹德科技大學）修習幼稚園教育學程之實習生、師資生等，構成學者、教師、實習生、師資生共聚一堂，充分交流的精采畫面。

此外，此一學術研討會，不僅有教育部的經費補助，而且有本校的自籌款——包括承辦單位師資培育中心的地方教育輔導預算，協辦單位創新育成中心、通識教育學院、應用社會學院等之配合款，同時有民間團體——高雄市私立日大幼稚園、高雄市私立諾貝爾幼稚園、華葳實業有限公司等之熱情贊助，這也形塑了國家最高教育行政機關、大學及民間組織三方面通力合作的珍貴圖像。

貳、研討會緣起

教育專業化，乃是現代社會發展的必然趨勢。隨著教育學術的進步，教學的理論與應用，也愈益多元、創新。因此，從事教育工作者，必須了解各種有關教學之知識與能力，且能在教學實務中繼續求新，不斷創造，方可與時俱進，提高教學成效。

我國當前幼稚園教學，大體上已可稱「上軌道」，但仍有一些缺憾。諸如：教師素質參差不齊、教材內容優劣混用、教學取向存在爭議、教學方法延襲成風、教學設備良窳互陳……等，都是尚待改善、研究解決的問題。

基本上，教學是教師依據教學的原理，運用適當的方法、手段，藉準備、溝通、概括、評量等歷程，用以指導學生自動學習，以獲得知識、技能、情操和理想的活動。教學的方法隨教育理念和科技工藝的進步而不斷地有所調整和革新。現代教學方法的發展，除了心理化、社會化、科學化、藝術化、資訊化、多元化的趨勢之外，更強調創造化，以追求教學卓越。

本研討會計畫之緣起，即在順應創造化教學這一新趨勢，盼能針對幼稚園教學，以一天議程集中研討。本研討會活動邀請了方德隆、張玉成、鄭博真、游家政、潘世尊、陳龍安等，對於創造性教學與幼稚園創新教學素有研究之學者，發表專題論文；同時邀請到創新教學實務有卓越表現之幼稚園教師——蔡淑娟主任及張怡芸老師等現身說法，並與參加研討會之現職幼稚園教師和幼教實習生、資師生，進行意見交流，使創新教學之理論研究者得與教學實務之基層教師腦力激盪，相得益彰。

本研討會活動之目的，即在規劃辦理「幼稚園創新教學」主題之學術研討，公開招收有興趣的幼稚園現職教師及幼教師資生為學員，透過密集式學術研討與教學分享等方式，提昇現職幼稚園師資之專業素養，厚植幼教師培生之專業基礎，並推廣以幼稚園創新教學為核心的幼教專業知能，盼能為強化幼稚園創新教學的研發植根工作盡一力。

參、研討會之目標與意涵

本研討會活動之目標與意涵分別列述於下：

一、目標

1. 培養幼稚園現職教師及幼教實習生、師資生對於幼稚園創新教學的知識與能力之專業素養，強化幼稚園教師及實習生、師資生在創新教學之研發植根工作，以提升教學成效。
2. 透過學者專家、幼稚園「創新教學獎」及「Super 教師獎」得主與幼稚園教師、實習生、師資生之面授、經驗分享及諮詢等歷程，促進學術研究和教學實務之交流與分享，增益參與人員在幼稚園創新教學之深化。
3. 透過研討會活動，讓現職幼稚園教師更貼近幼稚園教學特殊優良與創新教學典範，以期發揮熏化作用，傳承優質之教育精神。
4. 編輯、出版本研討會活動之主題論文集，擴大幼稚園創新教學理論與實際等之社會傳播。

二、意涵

1. 強化參與研討會的上百位幼稚園教師及幼教實習生、師資生對於幼稚園創新教學之認識、瞭解和運用。
2. 參與研討會之幼稚園教師返校後可以將研討成果實踐於各領域之課程教學，可將研討心得體現在教學上，從而提升幼稚園之教學績效。
3. 激發參與研討會的幼稚園教師與實習生、師資生對於創新教學的探索興趣。他們可能在實務教學上面臨或發現相關的疑問與難題，那麼以此次研討會活動所習得的專業素養為基礎，進行「行動研究」，將有助於解決學校教學實際之問題。

4. 促進這方面學術研究者與幼稚園基層教師、實習生、師資生等之實質互動與交流。一般學術研究者，關切學理之探討，研究議題之挖掘與剖析，較少注意學校教育中班級教學上之實際問題；而幼稚園基層教師則近乎相反。本研討會提供了兩方雙向面對面溝通的平台，可促進彼此之交流，使研究與教學兩方面相得益彰。
5. 牖迪現職幼稚園教師與實習生、師資生對於教學特殊優良與創新教學典範之熏習與仿效。教育工作者極重要的專業態度與要求，便是敬業、樂業的精神。本研討會，可促進參與研討的教師興起效法教學特殊優良獎教師與創新教學獎教師的教育熱忱，從而使創新教學之精神發光發熱。

肆、結語

本書內容即甫於今年 9 月 18 日由教育部指導、樹德科技大學師資培育中心主辦之「幼稚園創新教學學術研討會」發表之論文彙編。出版之旨趣，聚焦於充實、強化幼稚園現職教師及幼教實習生、師資生等，在創新教學方面之專業知能，進而提高幼稚園現在及未來課程與教學之成效。希望透過本書之出版，能引起更大的社會迴響，特別期待幼教社群，共同為創新教學這塊園地注入更多的生機與活力。

有效教學與創新教學

國立高雄師範大學教育學系　方德隆

壹、前言

教育改革能否成功的關鍵，在於教師素質的提升（Stronge & Tucker, 2003）。關於教師素質，有效教師（effective teacher）一直是教育界努力追求的目標。何謂有效教師？人們最初是以「角色模範」來作界定，一位好老師就是一位人中模範，符合社會對一位好公民、好家長以及好員工的期望。這種定義很快被取代，改以教師的心理特徵來界定有效教師，包括教師的個性、態度、經驗、性向以及其成就。由於以社會標準或心理特徵來定義有效教師，都有流於遙遠且不切實際的問題，近年的有效教師定義強調與學生學習表現相連結，因此，能夠增進學生學習成效的「有效教學」行為表現，成為衡量有效教師的新標準（Borich, 2004）。

1996 年，經濟合作和發展組織（OECD）提出了「知識經濟報告」，受到各國的重視，知識經濟在美國稱為新經濟，是指以知識與資訊的生產、傳遞、應用為主的經濟體系。也就是說，在知識經濟體系國家、知識是促進經濟成長、創造財富、以及提供工作機會的主要動力（吳清山、林天祐，2000）。所謂的知識創新就是新概念的創造、演化及交流，以獲致企業的成功、促進國家經濟的活力、促進整體社會的提昇，其概念認為創新是因應未來所需的一種能力，而知識是創新的核心要素，創造性的知識更是重要的智慧財產權，因此，在教學上不應採取「灌輸式教育」或「填鴨式教育」，而是採取「創意教學」、「批判思考」、「問題解決」的教學方式，以激發學生從事知識的取得、整理、分析、歸納、批判、轉化、傳播、分享與創造，並透過同儕間合作的教學策略，進而激發知識的創新（Entovation International Ltd, 2003）。許多學者專家認為，創新的教育方法，有助於教育能符應現今的學生與社會的需求（Schell, 2006），「創新教學」遂成為 21 世紀教學革新的重要議題。

教學是教師的核心工作（Acheson & Gall, 2003），有效教學的確是身為教師應當追求的首要課題；在面對變化與競爭皆日益劇烈的廿一世紀，創新教學亦為教師求新求變的應行之道。有效教學與創新教學都是以增進教師教學效能、提升學生學習成效為目標，本文旨在探討有效教學與創新教學的意義、內涵與實施策略，以做為教師精進教學、追求專業成長的參考。

貳、有效教學的意涵

底下首先說明有效教學的意義，繼之探討有效教學的內涵。

一、有效教學的意義

有效教學（effective teaching）是指有效的教學行為，意指教師在教學過程中，能重視教學績效、講求教學方法、熟悉教材並關懷激勵學生，以追求最好的教學成效（吳清基，1989）。

歐陽教（1986）認為，有效教學是指教師能恪遵教育合價值性、認知性、自願性三規準，充分發揮傳道、授業、解惑的教學功能。

林清山（1986）指出，有效教學係指教師有效應用教學的心理學原則（如動機原則、順序原則、增強原則、回饋原則、學習遷移、過程技能、預備狀態、收錄策略等），產生有效的教學，協助學生獲得有效學習，以達成預期的教學目標。

單文經（1995）認為，有效教學是指教師從事教學工作時，能掌握教學四大要素：提示參與、改正回饋、增強的教學效果大小，並能強調教學提示的品質、學習者的主動參與及激發學生繼續努力的增強，以進行有效的教學。

林進材（2000）指出，有效教學係指教師如何有效教學，使學生在學習上成功、行為上具有優良的表現，以追求最好的教學活動實施、課程與教學實施、教學評量實施成效，塑造良好的班級氣氛，以進行教室成功的學習與有效的教學，達到預定的教育目標。

McCormick（1979）認為，有效教學是教師瞭解教學內容的結構與實質、瞭解學生的特性、熟悉學習原則的運用，透過策略的應用使教學活動的進行更順利。

Rosenshine（1986）指出，有效能教師的教學歷程，應包括簡要說明學習目標、簡要複習舊教材、循序呈現新教材、引導團體練習、適當回饋與矯正、引導獨立練習、持續練習，直到學生學會教材內容。

Borich（1994）提出，有效教學有五項重要指標：明確性的教學、多樣性的教學、任務取向的教學、全心投入的教學以及提高學習者學習成功的比率。

綜合而言，有效教學是指教師在教學歷程，包括教學準備、教材呈現、教學方法、學生評量乃至班級經營等面向，都能採取有效的教學行為，使學生獲得有效的學習成果。

二、有效教學的內涵

有效教學的內涵與教學行為息息相關，涵蓋整個教學計畫、實施、反省等階段。林海青（1996）提出有效教學內涵的四個層面：（1）教學計畫：包括清楚教學目標、熟悉教材、統整學科內容、瞭解學生特質、設計彈性變化的教學；（2）教學策略：包含鼓勵學生主動參與、教學過程流暢有效率、教學富結構及邏輯性、教學內容適當轉化、重視個別差異；（3）教學評鑑：包括回饋、增強、評量、教學反省、提供後設認知策略；（4）教學氣氛：包含學習氣氛、教師期望、預期問題及時處理、師生溝通、師生關係。

張俊紳（1997）的研究指出，有效教學的內涵亦包括四個層面：（1）教學內容：教材內容與課程呈現的形式、知識與課程；（2）認知過程：發問及教學內容語言互動的認知水準；（3）教學形式：

教學線索、回饋、校正等教學歷程的安排；（4）教學互動：教師反應、發問等師生語言互動形式分析、師生關係。

沈連魁（2007）的研究歸納有效教學的內涵，包括計畫與準備、教學互動、教學評量及教學氣氛四大層面，其內涵與上述林海青（1996）的研究結果相似。研究並發現，國內幼兒體能教師的有效教學表現尚稱良好，其中以在「教學氣氛」層面的表現最好，優於其他層面。

O'Neill（1988）探討有效教學相關文獻，歸納出有效教學的內涵包括教學三階段：

(1) 教學前階段（preactive stage）：包含學習環境、教師知識、教師教學組織、準備課程教材；

(2) 教學互動階段（interactive stage）：包括教師期望、教師熱忱、教室氣氛、教室管理、教學清晰、前導組織、教學方式、發問層次、直導教學、學習時間、教學多樣性、監控與教學步調、變通彈性；

(3) 教學後階段（postactive stage）：包含回饋、教師讚賞、教師批評。

從學者的研究結果可知，有效教學的內涵亦即教學工作的內涵，包括教學前的教學計畫、教材準備、情境布置，教學中的教學方法、師生互動、氣氛營造、教室管理、評量活動，以及教學後的評量回饋、教師反思等。

參、有效教學的策略

關於有效教學的實施，張碧娟（1999）從教學的主要面向提出五大策略：

1. 教學計畫準備：教師依據學生差異，擬定教學計畫，精熟教材，事前做好教學準備。
2. 系統呈現教材：說明單元目標，層次分明呈現教材，提供學生練習機會，彈性調整教學。
3. 多元教學策略：引起動機，集中學生的注意力，運用不同的教學媒體或方法，掌握發問技巧。
4. 善用教學評鑑：適度評鑑學生成效，立即回饋，給予合理期待，獎勵學習進步。
5. 良好學習氣氛：維持和諧師生關係，掌握教室管理，以積極的態度鼓勵學生。

長年研究有效教學的學者 Gary Borich 從 1970 年代以來的相關研究結果，整理出有效教學的十種教師行為。前五項稱為關鍵行為（key behaviors），一直受到相關研究結果的支持，是有效教學的要素；後五項則稱為輔助行為（helping behaviors），可與關鍵行為結合運用，以強化關鍵行為。這十項有效教學的教師行為與指標如下（Borich, 2004）：

1. 教學清晰：1-1 告知學生學習的目標；1-2 提供學生相關的前導組體；1-3 確認學生的先備知識；1-4 循序漸進明確指導；1-5 適應學生的能力程度；1-6 使用圖表範例說明；1-7 每節結束前歸納學習重點。
2. 教學多樣：2-1 使用吸引學生注意力的技巧；2-2 以眼神語氣肢體語言展現熱忱與活力；2-3 變化課程內容的呈現方式；2-4 運用獎勵強化正向行為；2-5 將學生意見或參與融入教學；2-6 變化提問問題的類型。
3. 任務取向：3-1 依據課程指引設計教學計畫；3-2 有效處理行政事務以避免影響教學；3-3 預防或制止學生不當行為；3-4 根據教學目標選擇教學方法；3-5 以清楚定義的活動來建立學習成果（例：檢討、回饋、測驗）。
4. 引導學生投入學習：4-1 在教學刺激後立即誘發期望的行為（例：安排練習或習作）；4-2 在非評鑑性的氣氛下給予學生回饋；4-3 必要時採取個別或小組活動；4-4 以有意義的口頭稱讚使學生主動學習；4-5 監督學生課堂作業並檢視其進展。
5. 確保學習成功率：5-1 課程內容反應學生過去學習經驗；5-2 立即糾正學生的錯誤回答；5-3 將教學細分為小單元進行；5-4 使新舊教材的轉銜易於理解；5-5 變化教學步調持續製造高潮。
6. 使用學生意見：認可、修改、應用、比較、總結學生的回答，以鼓勵學生參與並提升課程目標。

7. 組織架構：教師為了組織即將教學的內容，或為了總結已經教過的內容所做的論述（例：前導組織、口語提示重點）。
8. 提問的藝術：透過教師提問，由學生採取行動、解決問題或思考所學內容的方法，以幫助學生投入學習。
9. 誘導探索：誘導學生澄清答案，探詢答案可能蘊含的額外訊息，或調整學生答案以更有利的方向思考。
10. 善用教師影響力：教師在教學過程中，投入與表現的情感與熱忱。

在幼教領域方面，沈連魁（2007） 以國內幼教老師為對象的研究發現，影響有效教學的因素有四大類：

1. 幼稚園因素：場地空間是否寬敞通風、上課人數是否適當、帶班老師是否負責、園長理念是否支持教學。
2. 教師本身因素：幼教專業知識、專業教學能力、課前計畫與準備、教師體力與活力、教學態度、教學經驗。
3. 學生因素：班級幼生特質、幼生發展階段、幼生的情緒、幼生的反應或接受杜、幼生的信任。
4. 外在環境因素：天候的變化、他人的肯定、社會變遷造成的就業危機感。

從上述學者的研究結果可知，國內學者對於有效教學的實施策略，係以一般教學的實施原則為主，國外則已發展至以研究為基礎（research-based）的有效教學行為，來作為有效教學的實施策略，頗值得吾人在教學實務及學術研究方面加以參考。

肆、創新教學的意涵

底下首先探討創新教學的意義，繼而說明創新教學的內涵。

一、創新教學的意義

關於創新教學的意義，ERIC Thesaurus 將教學創新（instructional innovation）定義為「引進新的教學觀念、方法或工具」。廣義來說，創新教學（innovative teaching）與創意教學（creative teaching）的意涵有所重疊，創新教學比較強調運用他人已經發展出來的新教學觀念、方法或工具；創意教學則源自於教師的創造力，發展並運用新奇的、原創的或發明的教學方法以達成教學目標；至於創造力教學（teaching for creativity）則重視培養學生的創造力（林偉文，2002）。

吳靖國（2003）指出，創新教學不是一個專有名詞，也不是指某種教學方法或模式；創新教學應視為一個動詞，是一個過程，只要對原有教學進行改變，不論是融合、調整或取代，就產生了教學上的創新。

張世忠（2002）強調，創新教學是指教師不持傳統或原來的教學方式，不斷更新或變化其教學方式。教師因時制宜，變化其教學方式，其目的在於提高學生的學習興趣、啟發學生之創意思考以及適應學生之個別差異。

張玉成（2003）認為，創新教學兼具創意教學與思考啟發教學。創意教學是指教師在教學中，運用新穎的方法、策略及過程，使教學生動活潑而富有變化，以引起學生的學習興趣，例如應用資訊科技呈現教材內容。思考啟發的教學則強調學習者經過教師的協助，在心智上有所產出或發展，例如創造思考教學是透過教學活動的設計，激發學生「無中生有」、「有中生新」、批判思考等效果。綜合而言，創新教學不但要進行創意教學，教學內涵也應能啟發思考；易言之，既要「有味」，也要「有料」。

綜合而言，創新教學是指教師在教學過程中，應用不同於以往的教學設計、教學方法、評量方式，以求教學策略的創新，學習效果的增進。創新教學可以源自教師自身的創意，亦可來自教師應用他人研發的教學方式，不論如何，只要教師對於相同的課程內容，採用不同於過去自己使用的教學策略，就可稱為創新教學。

二、創新教學的內涵

高強華（2002）認為，創新教學可從教學的五個面向進行，包括：教學目標的選擇與決定、教材內容的增刪與詮釋、教學方法的多元與適性、學習策略的應用、評量的多元規準。

吳靖國（2003）指出，創新教學的內涵包括三個面向：（1）思維上的創新：指教學哲學、教學理念上的改變；（2）規制上的創新：係課程規劃、師生互動上的改變；（3）材料上的創新：指教材教具、硬體設備上的改變。要進行創新教學，必須從教學內涵中最根本的教學理念來掌握，才能進行規制與材料上的創新。

史美奐（2004）則將創新教學分為三個層次：一為改善，指教師依照教科書擬定教學內容與方法，透過上課的師生互動，於課後修正教學內容與方法，以提高教學成效；二是超越，指在原本的教學內容與方法中，進行大量調整或尋找其他可能的教學方法，以提高學生的思考、技能與學習態度；三是創新，指將教學內容與方法作根本性的調整，教材內容不侷限於教科書的內容，視學生需求運用多元或新的教學方法，以提升學生的學習興趣與思考。

總而言之，創新教學涵蓋教學的所有面向，包括教學目標、教學內容、教學方法、評量方式等；教師個人創新教學的發展，可以是從改善、超越乃至創新的線性發展，可以是逕行改變教學方式的直接變化，亦可是創新、檢討、再創新的行動發展模式。

伍、創新教學的策略

關於創新教學的策略，以教學的整體觀而言，臺北市政府教育局（2004）綜合學者專家的意見，提出創新教學的策略包括班級經營創新、教學內容創新、教學方法創新、學生作業創新、評量方式創新等五個層面，可說相當完整的涵蓋了教學工作的各個向度，包括：

（一）班級經營創新

(1) 創造活潑之學習氣氛，促進學生彼此交流，提升學習效益。

(2) 以學生自治及為自己的行為負責為班級經營原則，並加強學生的常規訓練及道德訓練。
(3) 每月舉辦班級團體主題式作業，以凝聚班級向心力，並藉此拉近親師生距離。
(4) 妥善利用晨光時間推動德育教學，並結合家長推動班級閱讀活動，培養學生自主學習態度。
(5) 配合相關節日舉辦活動，使教室學習與生活結合。
(6) 提供安全學習環境（少個人的主觀批判），讓學生能充分表現，發揮潛能。
(7) 努力使環境充滿教育意義的經驗，促進班級環境的課程化。

（二）教學內容創新

(1) 融入新興的教育課題。
(2) 掌握社會脈動，適度結合時事，並與生活經驗相結合。
(3) 旁徵博引，教學素材豐富，增加操作的學習經驗。
(4) 提高校外教學的頻率，充實學生的見聞。
(5) 讓能力強的學生帶領同學進行互動式學習。
(6) 配合不同學生的個別差異，提供加深加廣或簡化課程內容，有效輔導學生學習。
(7) 課程內容應關注知識與技能，過程與方法，以及情感、態度與價值觀的連結，能與其他學習領域之相關教材相互整合（例如採取主題式領域教學）。

（三）教學方法創新

(1) 能了解學生個別差異，運用鷹架理論，開發學生潛能。
(2) 教材的詮釋表達，強調思考技巧培養的教學，以提高學生的學習興趣。
(3) 重視科技輔具在課程實施的應用，適度運用輔具、科技工具及媒體，以增進學習效果。
(4) 師生良性互動，關注每位學生的學習狀況。
(5) 教學過程順暢，適時採用合作學習模式。
(6) 運用現有資源、設施及設備，安排適當教學情境，擴展教學場域。

（四）學生作業創新

(1) 每月訂定班級主題作業，給予更多學生團隊學習、與人合作、獨立思考與解決問題的機會。
(2) 達成教學目標，培養基本學生能力。
(3) 把握教學重點，鼓勵學生發揮創意。
(4) 把學生引向更遼闊的知識領域及生活領域，以多元的方式具體呈現知識的應用與實踐。
(5) 運用靜態或動態之教學方式，並配合時間、空間、書面、圖像、聲音、動作等多元的學習方式。
(6) 視教學內容需要而靈活指定個人作業及團體作業。
(7) 兼顧知識、技能、情意的學習，包括主學習、副學習、附學習—以博覽會的型態展現。

（五）評量方式創新

(1) 依據課程目標訂定評量方式。
(2) 從注重鑑別與選拔而轉變為重視激勵、反饋與調整。
(3) 由注重學生學業成績轉變為多方面發展潛能。
(4) 由強調量化成績轉變為重視質性的分析。
(5) 適時提供學生自評與互評的機會，進行楷模學習。
(6) 預留學生共同討論作業內容的空間。
(7) 簡單易行，質量並重；符合教學原理，多元運用激勵學生。

在創新的教學方法方面，陳龍安（1998）根據 Guilford 智力結構模式、Parnes 創造性問題解決模式、Williams 創造與情意教學模式以及 Taylor 多種能力發展模式，所提出的「愛的」（ATDE）（又稱為問想做評）創造思考教學模式，包括四大步驟：問（Asking）、想（Thinking）、做（Doing）、評（Evaluation），其所代表的意義如下，並以圖一表示：

（一）問（Asking）

教師設計或安排問題的情境，提出創造思考的問題，以供學生思考。特別重視聚斂性（convergent thinking）問題與擴散性（divergent thinking）問題，亦即提供學生創造思考與問題解決的機會。

（二）想（Thinking）

教師提出問題後，應鼓勵學生自由聯想，擴散思考，並給予學生思考的時間，以尋求創意。

（三）做（Doing）

利用各種活動方式，讓學生做中學，邊想邊做，從實際活動中尋求解決問題的方法，而能付諸行動。在此階段中，不同的活動方式是指寫、說、演、唱等實際操作或活動。

（四）評（Evaluation）

師生共同擬定評估標準，共同評鑑，選取最適當的答案，相互欣賞與尊重，使創造思考由萌芽而進入實用的階段。此階段所強調的是師生相互的回饋與尊重，亦即創造思考「延緩判斷」原則的表現。

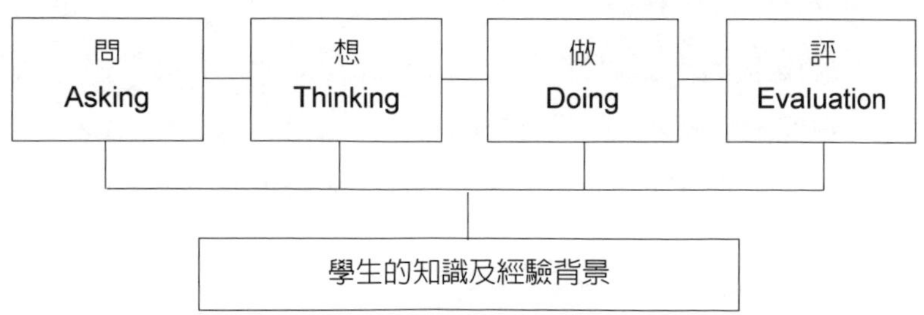

圖一　愛的（ATDE）創造思考教學模式（引自陳龍安，1998）

沈翠蓮（2001）指出，一般創造思考的教學策略上，有關問題發現法和新觀念產生法，通常採用的創造思考教學步驟如下：（1）

選擇適當題材；(2)指導創造思考方法；(3)進行創造思考活動；想（thinking）、做（doing）；（4）評鑑。

Gunter, Estes, & Schwab (1995)的類比創造思考教學，有直接類比、擬人類比和象徵類比三種創造思考類型，都是鼓勵學生能化熟悉為新奇，創造獨特有意義的可能，其教學步驟為：（1）呈現問題；（2）提供專門的資料；（3）探究顯著的解決之道；（4）引出個人對問題的陳述；(5)根據重點來選擇一個問題敘述；(6)用問題來導引出類比；（7）使類比符合問題；（8）從新的觀點來決定解決之道；（9）評鑑。

C. W. Taylor 的多種才能教學模式，其基本假設是：「幾乎所有的學生都具有某種才能」，但大多數的老師卻常只注重學科成績，而忽視了這些才能，也沒有給予學生發揮的機會；如學校能在學科才能之外，多發掘一些其他的能力，許多學生將會被發現至少在某一領域中具有某些特殊才能，而能夠有卓越的成就表現，也可導致學生建立良好自我概念，奠定信念，表現自發的學習，發展更多的知識，最後必能充分發揮潛能，這種效果遠高於由教師講授知識的教學。也是創造思考教學所強調的理念。綜合上述重點，Taylor 的模式在創造才能方面的教學模式，包括七個步驟（陳龍安，1998）：

（一）呈現思考的情境或問題。

例：教師可以要學生考慮下列問題：「你是一個科學家，對於住在一個週期性爆發的活火山附近的居民十分關心，並對火山塵埃之於居民身體建康的長、短期效應十分好奇，你能想到的，解決這個問題的方法有哪些？

（二）給予學生充分思考的時間，並列出主意。

例：採用分組活動方式，學生討論了這個問題，並列了一些主意。在小組活動之後，他們將這些主意在全班同學面前報告，並盡可能列出其他想得到的方法。

（三）提供一個分享、修改及潤飾主意的環境。

例：學生選擇一個或兩個他們認為最好的主意，並且指出一些方式，使該主意更合乎實際，這些修正過的觀念又經過小組的討論。

（四）讓學生分享新的主意。

例：全班同學作腦力激盪，看看有多少主意能再被加入。

（五）讓學生選擇最好的問題解決法。

例：學生回到小組中，選擇他們認為最獨特、最好的解決方式。

（六）讓學生選擇獨特的問題解決法。

例：學生回到小組中，選擇他們認為最獨特、最好的解決方式。最獨特的方式未必是最好的。

（七）實行該方法或決定

例：小組開始去實行他們認為最好的方式。

在幼教領域方面，李萍娜（2004）提出幼兒音樂的創作教學，包括：

（一）繪畫式記譜法之音樂創作

讓幼兒自創圖畫式的記譜方法，來寫作他們的音樂、演奏他們的作品。

（二）隨機音樂創作方式

以 John Cage 的隨機抽樣方式，利用骰子、卡片、翻電話簿等方式，把音高與節奏分開，再隨機抽樣組合成作品。

（三）微小學派創作方式

創作一小段的音樂，然後不斷重複；亦可再組合卡農、逆行等方式呈現，甚至以錄音技巧重疊播放、演奏。

（四）簡化十二音技創作方式

利用 Arnold Schoenberg 十二音技的概念把十二個音簡化設計出音列，然後做出矩陣，最後從矩陣用逆行、倒置、逆行倒置等技巧創作出音樂。

林琬淇（2004）曾應用愛的（ATDE）創造思考教學模式，設計幼兒圖畫書的創造思考教學。教學步驟包括：（1）選定圖畫書；（2）教師與幼生共同閱讀圖畫書，提供知識及經驗背景；（3）進行學習活動。學習活動在「問」、「想」方面是以腦力激盪術進行討論、自由聯想，在「做」、「評」方面則以不同的活動方式來進行，包括寫、說、演、唱等活動。

洪秋子（2006）的研究指出，學前融合教育的創新教學策略有下列幾種：

（一）同儕教學（peer tutoring）

評估學童的能力及建立明確的目標→選擇同儕小老師與被指導者的搭檔→設計適當的教材→訓練同儕小老師→規劃指導的時間與地點→獎勵同儕小老師及被指導者→評估實施效果。

（二）示範教學法（modeling）

教師要求學童一個特別反應→學童表現正確反應→教師稱讚學童→教師提出另一個要求→學童做出錯誤反應→教師示範正確的行為→教師要求學童反應→學童表現正確的反應→教師稱讚學童。

（三）交互教學法（reciprocal teaching）

利用摘錄重點、提出問題、澄清以及預測下段文章內容等四種活動，教導學童學習如何運用有效的閱讀策略。

（四）活動本位教學法（acctivity-based intervention approach）

意指將學習目標整合於幼兒日常活動，或感興趣的功能性活動來學習。程序包括：確定幼兒的學習目標→選擇適合執行這些目標的機會→將特殊需求幼兒的目標融入一般教學計畫中→使活動同時符合特殊需求幼兒及普通需求幼兒的需要。

陸、國內幼教領域的相關研究

底下說明國內幼教領域在有效教學、創新教學兩方面的相關研究結果。

一、有效教學的相關研究

郭芳辰（2005）以苗栗縣、台中縣、台中市、彰化縣已立案之公、私立幼稚園園長及教師為對象，研究發現幼稚園教師教學效能大體上有良好的表現；幼稚園園長課程領導與教師教學效能兩者關係呈現正相關。另外，教學效能會受到「幼稚園性質」、「教師任教年資」、「教師年齡」、「教師學歷」及「兼任行政職務」等背景因素的影響而有差異情形。公立幼稚園在教學效能層面之「教學計畫與內容」、「教學策略與互動」得分高於私立幼稚園;任教年資在「十年以上」的教師在「教學計畫與內容」、「教學策略與互動」、「教學評量與班級經營」層面的得分均高於任教年資「一年以內」的教師；年齡愈大的教師在「教學計畫與內容」、「教學策略與互動」層面的表現均高於年齡較輕的教師;教師學歷為「研究所非本科系」的得分高於「高職幼保科」；兼任行政職務之教師在「教學計畫與內容」、「教學策略與互動」、「教學評量與班級經營」層面的表現高於未兼任行政職務的教師；而「幼稚園所處地區」、「幼稚園規模」等背景因素則無顯著差異。

楊淑娟（2006）探討高雄地區公立幼稚教師參與在職進修現況與其教學效能差異及相關情形，發現幼教師的整體進修動機與教學效能均達中高程度；幼教師參與在職就修動機與教學效能呈現正相關，且對教學效能預測力強。

黃友陽（2006）以台中市、台中縣、彰化縣與南投縣已立案之公、私立幼稚園及托兒所教師為對象，研究發現幼兒園教師的多元智能及其多元智能教學信念，與教學效能具有正相關；幼兒園教師多元智能及其多元智能教學信念對教學效能具有解釋力，由教師之多元智能及其多元智能教學信念，皆可以預測教師的教學效能。此外，幼兒園教師教學效能會受到「教師年齡」、「教師任教年資」、「幼兒園類型」及「幼兒園所在地」等背景因素的影響而有差異情形。年齡愈大的教師在「教學氣氛」層面的表現均高於年齡較輕的教師；任教年資在「21 年以上」的教師在「教學計畫」、「教學互動」與「教學氣氛」層面的得分均高於其他各組的教師；公立幼稚園的教師在「教學氣氛」層面得分高於私立幼稚園；南投縣的教師在「教學氣氛」層面得分高於彰化縣；而「教師最高學歷」、「教師擔任職務」與「幼兒園規模」等背景因素則無顯著差異。

薛雅勻（2007）北市公立幼稚園教師為研究對象研究，發現現階段幼稚園教師資訊素養屬中上程度，教學效能亦屬中上程度。資訊素養較好的幼稚園教師在教學效能上的表現較佳，幼稚園教師資訊素養對教學效能有預測作用。這個結果與以國中小學教師為樣本的相關研究結果一致，教師資訊素養與教學效能之間有著密切關聯，亦即教師資訊素養愈高，其教學效能愈佳。

沈連魁（2007）以國內幼教老師為對象的研究發現，教師的教學信念與有效教學表現之間具有正相關，其中尤其以「教師能力」信念對有效教學表現的各個層面之相關性最高。

陳雪芳（2008）調查台中市、台中縣、彰化縣、南投縣已立案之公、私立幼稚園教師，發現幼稚園教師大部分都有良好的教學效能，對於自己的專業成長現況普遍持肯定態度。幼稚園教師教學效能會受到「幼稚園所處地區」、「幼稚園性質」、「幼稚園規模」及「教師教學年資」之不同而有所差異，幼稚園教師專業成長與教學效能兩者關係呈現正相關，且由幼稚園教師專業成長可以預測教師的教學效能。

綜合相關研究結果，國內公、私立幼稚園教師大部分都有良好的教學效能，與教學效能具有正相關的因素包括幼教師的多元智能、資訊素養、教學信念、在職就修動機、專業成長以及幼稚園長的課程領導。幼教師的教學效能會受到「幼稚園性質」、「教師任教年資」、「教師年齡」等背景因素的影響而有差異情形：公立幼稚園教師高於私立幼稚園教師；資深教師高於初任教師；年長教師高於年輕教師。

二、創新教學的相關研究

陳淑芳（2002）研究國內幼教老師的科學教具創作過程發現，幼教老師的創意經驗大多來自教學或課業需要，其次為生活或興趣活動之需求。幼教老師的創造動機有三：不甘平凡、解決問題、隨機起意。創作的過程多為順勢而發，因勢利導，並未經歷太多困難與挫折，創作的過程大致上是身心愉快的狀態；覺得最有創意的經驗大多是受到他人十分的肯定，使得老師們得到非常大的成就感。

林琇美（2008）研究發現，臺北市公立幼稚園教師教學創新行為之現況屬於優良程度。於背景變項中，教育程度與教學創新行為有顯著差異，一般大學及碩士畢業之教師表現高於師範校院畢業之教師。而年齡與服務年資與教學創新行為皆無顯著差異。個人及環境影響因素皆與教學創新行為呈現顯著正相關，個人因素以內在動機、環境因素以同儕支持得分最高。

教學與課程息息相關，徐聯恩、林素君（2005）的研究發現，課程模式的轉變亦可造成教學創新。他們分析 93 學年度獲得臺北市幼教評鑑績優的國小附幼，發現有 9 所將其獲得績優的主要原因，歸因於從單元教學轉變為主題教學，另有 2 所將其原有的單元教學進行本土化與統整化。這 11 家園所都成功完成幼教課程模式的轉變，並透過同儕的對話溝通凝聚共識，在教學模式上有所創新，提升了園所的幼教品質。

馬祖琳、葉佳容、江淑卿、許淑瑾（2005）研究幼兒數學創造力教學的教室文化型塑歷程及其引導策略，結果發現：教師必須先建立教室規範，作為型塑教室文化的基礎。情意向度的引導主要在於提供幼兒成功經驗，激發內在動機及建立信心與冒險意願，以幫助幼兒更有自信接受同儕與教師的辯證及挑戰；社會向度的引導主要是逐步引導幼兒表達自我的想法與意見，使幼兒在解題歷程中，增進更多合作解題、表達意見及互相溝通的機會；文化向度主要是引導幼兒社群，對同儕解題的方法與創意進行評價及選擇，以促進幼兒以更客觀的方式進行建設性的評價。情意、社會與文化三個向度之引導策略無法各自獨立運用，而是互相交織、循環搭配運用，才能型塑出創造力教學的教室文化。

綜合相關研究結果，幼教師的創新教學主要源於教學或課業的需要，故在個人因素方面以幼教師的內在動機對其創新教學最具影響力。許多例子顯示，幼教師的創新教學需要同儕支持，故影響創新教學的環境因素以同儕支持為主。此外，課程模式的改變亦能帶動教學模式的創新，再次印證課程與教學之間「課程如藍圖、教學如施工」（方德隆，1999）的密切關係，也讓吾人瞭解從課程著手亦是創新教學的一種途徑。

柒、結語

在教育改革的時代洪流下，教師的教學工作不僅從傳統走向開放、從單一走向多元、從集體化走向個別化、從制式化走向適性化，亦更加注重有效教學，以提升教學效能與學習成效。學者累積的研究成果指明有效教學的教學行為，提供教師進行教學工作明確的參考。國內公、私立幼稚園教師大部分都有良好的教學效能，這是值得吾人慶幸之處；進一步來說，此一良好基礎之上適足以發展更好的有效教學以及創新教學。與幼教師的教學效能息息相關的因素，包括幼教師的多元智能、資訊素養、教學信念、在職就修動機、專業成長。可見幼教師要能進行有效教學，除了學習有效教學行為的技術層面之外，透過進修持續進行教師專業成長，累積資訊素養、多元智能以及正向的教學信念，亦是十分重要的。

除了多元、開放、個別化、適性化之外，教學革新的另一焦點是從傳統教學走向創新教學。俗諺「人是習慣的動物」，教師要打破自我的窠臼，勇於嘗試創新教學似非易事。然而，陳淑芳（2002）的研究發現幼教師的創意經驗大多來自教學或課業需要，其次為生活或興趣活動之需求。可見，創新不一定是為了教育改革這種偉大的目標才能達成，與教師切身相關的教學工作或進修課業，反倒是創新教學的主要動力。在講求教師專業發展的今日，教師在日復一日的教學工作中，可以採行有效教學策略、嘗試創新教學，不僅可獲致更佳的教學效能，亦能提升學生學習成效，同時增進教師的專業成長以及學生的學習成長，可謂一舉數得。

參考文獻

中文部分

方德隆（1999）。課程與教學研究。高雄市：復文。

史美奐（2004）。教師創新教學的類型與可能。課程與教學季刊，7（1），1-14。

吳清基（1989）。教師與進修。台北市：師大書苑。

吳清山，林天祐（2000）。知識經濟。教育資料與研究，37，100。

吳靖國（2003）。創新教學如何可能？從「創造」意涵的哲學思為談起。載於國立台灣海洋大學教育研究所主編，創新教學理論與實務（頁49-80）。台北：師大書苑。

李萍娜（2004）。幼兒音樂創作教學——從現代音樂的啟思。載於國立嘉義大學人文藝術學院舉辦之「第二屆創意開發學術研討會」論文集（頁87-94），嘉義縣。

沈翠蓮（2001）。教學原理與設計。台北市：五南。

沈連魁（2007）。幼兒體能教師教學信念及有效教學表現之研究。國立體育學院體育研究所博士論文，未出版，桃園縣。

林清山（1986）。教育的心理學基礎。載於中國教育學會（主編），有效教學研究（頁 57-87）。台北市：台灣書店。

林進材（2000）。有效教學——理論與策略。台北市：五南。

林海青（1996）。高中教師激勵模式與教學效能之研究。教育與心理研究，19，59-92 頁。

林琬淇（2004）。創造思考教學——以兒童圖畫書為例。載於林生傳（主編），教學新世紀理論與實務（頁 311-332）。台北市：心理。

林偉文（2002）。國民中小學學校組織文化、教師創意教學潛能與創意教學之關係。國立政治大學教育學系博士論文，未出版，臺北市。

林琇美（2008）。臺北市公立幼稚園教師教學創新行為影響因素之研究。輔仁大學教育領導與發展研究所碩士論文，未出版，臺北市。

洪秋子（2006）。學前教師在融合教育及其創新教學之研究－以台北縣為例。載於亞洲大學舉辦之「第三屆健康的幼兒教育學術研討會」論文集（頁 237-267），台中縣。

高強華（2002）。論主題統整與教學創新設計。臺灣教育，614，9-15。

陳龍安（1998）。創造思考教學的理論與實際。臺北市：心理。

郭芳辰（2005）。幼稚園園長課程領導與教師教學效能之研究。朝陽科技大學幼兒保育學系碩士班碩士論文，未出版，台中縣。

陳淑芳（2002）。幼稚園教師科學教具製作的創造思考研究。載於國立嘉義大學人文藝術學院舉辦之「創意開發學術研討會」論文集（頁71-88），嘉義縣。

陳雪芳（2008）。幼稚園教師專業成長與教學效能之研究。朝陽科技大學幼兒保育系碩士班碩士論文，未出版，台中縣。

張玉成（2003）。教學創新與思考啟發。載於國立台灣海洋大學教育研究所主編，創新教學理論與實務（頁 31-48）。台北：師大書苑。

張世忠（2002）。教學創新應用與實例。台北市：學富。

張俊紳（1997）。國民小學教師教學效能之研究——不同教學效能信念類型教師的教學表現及其教學生產力。國立高雄師範大學教育學系博士論文，未出版，高雄市。

張碧娟（1999）。國民中學校長教學領導、學校教學氣氛與教師教學效能關係之研究。國立政治大學教育學系博士論文，未出版，臺北市。

單文經（1995）。班級經營策略研究。台北市：師大書苑。

黃友陽（2006）。幼兒園教師多元智能、多元智能教學信念與教學效能之調查研究。朝陽科技大學幼兒保育系碩士班碩士論文，未出版，台中縣。

楊淑娟（2006）。幼稚園教師在職進修與教學效能關係之研究——以高雄地區公立幼稚園為例。樹德科技大學幼兒保育學系碩士論文，未出版，高雄縣。

歐陽教（1986）。教育的觀念分析。載於中國教育學會（主編），有效教學研究（頁 1-29）。台北市：台灣書店。

臺北市政府教育局（2004）。臺北市優質學校經營手冊。臺北市：作者。

薛雅勻（2007）。幼稚園教師資訊素養與其教學效能之研究。淡江大學教育科技學系碩士在職專班碩士論文，未出版，台北縣。

西文部分

Acheson, K.A. & Gall, M. (2003). Clinical supervision and teacher development-Preservice and inservice application, 5th ed. (Rev. ed. of: Techniques in the clinical supervision of teachers, 4th ed. N.Y.: John Wiley & Sons.

Borich, G. D. (1994). Observation skill for effective teaching. New York: Macmillan.

Borich, G. D. (2004). Effective teaching methods, 5th ed. Upper Saddle River, N.J.: Merrill.

Entovation International Ltd. (2003). Delivering knowledge innovation strategies for Millennium.〔www page〕URL http://www. entovation.

com/innovation/knowinno.htm

Gunter, M. A., Estes, T. H. & Schwab, J. (1995). Instruction: A models approach. Boston: Allyn and Bacon.

McCormick, W. J. (1979). Teacher can learn to teach more effectively. Educational Leadership, 37 (1): 59-62.

O'Neill, G. P. (1988). Teaching effectiveness: A review of the research. Canadian Journal of Education, 13 (1): 162-185.

Rosenshine, B. V. (1986). Synthesis of research on explicit teaching. Educational Leadership, 83: 60-66.

Schell, K. A. (2006). A Delphi study of innovative teaching in baccalaureate nursing education. Journal of Nursing Education, 45 (11): 439-448.

Stronge, J. H. & Tucker, P. D. (2003). Handbook on teacher evaluation: Assessing and improving performance. Larchmont, N.Y.: Eye on Education.

增強兒童創造力之淺見

張玉成　教授

壹、前言

當前學校教育極為重視創造與革新，學生創造力之提升，儼然成為教育的重頭戲。本文旨在提出增強兒童創造力之教學理念與策略，盼有助於學前教育與國民教育階段之教育同仁，在實施課程與教學之際，得一參考，以提高教學成效。

貳、由四個小故事說起

一、三個和尚沒水喝

如何促進兒童的創意、創造力，我想先由三個和尚沒水喝這個長久以來的故事先開始。我曾利用創意思考教學課程時，嘗試看圖說故事，請學生看連環圖寫故事，把四個連環圖寫出一篇故事，故事內容大部分是什麼？百分之九十九的學生，大部分寫出童年時你我曾聽過的故事，就是三個和尚沒水喝的故事。身為一個老師，你認為對這樣的標準答案你會給幾分？對所謂的傳統教學，我們曾經讀過、看過、聽過，這樣的答案我們會給一百分，然而對照於今天這樣的教育而言，你們所寫的故事是 75 分，對於碩士班而言是及格了！沒有知識，你有常識，但是缺乏了創意，就是幾千、幾百年來，看到這樣的圖案，在你心中反應的就是這個故事，現在我們開始想第二個故事，在我們總結時，請同學發表你第二個故事！

二、兒歌換唱

我今天強調創意思考教學要怎麼教？不是把根本該懂的常識、知識基礎不要，而是作為基礎教學下，加以變化！例如：「登登登登，登登登登，登登登，登登登，登登登登登登，登登登登登登，登登登！登登登！」誰可以猜出這是什麼歌？二隻老虎對吧！誰沒有唱過，可是有同學唱過不同的歌詞，這表示你碰到不錯的老師，你看這邊就有很多不同的歌詞可以替換，如果今天我是早餐店就可以編得跟燒餅油條有關，這就是改變、轉化、創新，但他的最原版不就是兩隻老虎嗎？

三、別打頭

「別打頭」是說我們腦袋的智慧是很高的，但往往都沒開發，好比金礦藏在裡面浪費了，所以才有人說終極一生用了腦袋的能量也才十分之一吧！這表示我們潛力無窮，只要努力就可以開發出更好的。

四、猶太人的智慧

有一個故事讓我很有感觸。多年以前，在奧斯維辛集中營裏，一個猶太人對他的兒子說：「現在我們唯一的財富就是智慧。」當別人說一加一等於二的時候，你應該想到大於或是小於二。納粹在奧斯維辛毒死了幾十萬人，父子倆卻活了下來。在 1946 年，他們來到美國，在休斯敦做銅器生意。一天，父親問兒子一磅銅價格是多少？兒子答 35 美分。父親說：「對，整個德克薩斯州都知道每磅銅的價格是 35 美分，但作為猶太人的兒子，應該說 3.5 美元。你試著把一磅銅做成門把看看。」20 年後，父親死了，兒子獨自經營銅器店。他做過銅鼓，做過瑞士鐘錶上的簧片，做過奧運會的獎牌。他曾把一磅銅賣到 3,500 美元，這時他已是麥考爾公司的董事長。這是第一個故事，這在告訴我們你要把一樣的東西去轉換成不一樣的才有可能贏過別人。我希望各位同學有一天你在教學上也可以這樣啟發你的學生。

然而，真正使他揚名的，是紐約州的一堆垃圾。1974 年，美國政府為清理給自由女神像翻新扔下的廢料，向社會廣泛招標。

但好幾個月過去了，沒人應標。正在法國旅行的他聽說後，立即飛往紐約，看過自由女神下堆積如山的銅塊、螺絲和木料後，未提任何條件，當即就簽了字。紐約許多運輸公司對他的這一愚蠢舉動暗自發笑。因為在紐約州，垃圾處理有嚴格規定，弄不好會受到環保組織的起訴。就在一些人要看這個猶太人的笑話時，他開始組織工人對廢料進行分類。他讓人把廢銅熔化，鑄成小自由女神；把水泥塊和木頭加工成底座；把廢鉛、廢鋁做成紐約廣場的鑰匙。最後，他甚至把從自由女神身上掃下的灰包裝起來，出售給花店。不到 3 個月的時間，他讓這堆廢料變成了 350 萬美元現金，每磅銅的價格整整翻了 1 萬倍。所以什麼是創意，這故事有很多點讓人深省，所以在一般正常傳統的標準答案之外，是不是也可以有不同的非份之想，你要去驗證它、嘗試它，除了給他方向、大原則目標之外，也要嘗試告訴孩子其他不同的東西，讓他去試試看，例如說我在這邊講了 25 分鐘，只要能讓你們有多一點點想法，我就不虛此行。

參、何謂創造思考教學

我的簡單界定就是創新獨特的想法跟思考，剛說的二加二等於四是數學邏輯的答案，但是這並沒有獨特的想法。創造力跟創意有些不同，創意加上有效的作為叫做創造力。那創造思考是什麼？創造思考教學又是什麼意思？一個人能「無中生有、有中生新」的過程，現有的東西上我們加入新的功能。像說 E 化講桌在十年前出現，但現在有觸控的，就是把很多功能加在一起在創新就是「有中生新」，凡是人類文明中第一次出現，第一次被製造出來讓我們使用這是「無中生有」，創造思考是這個意思。

創造思考教學是什麼？我則解釋為：你的教學可以提昇學生「無中生有、有中生新」的思考能力，這就叫做創造思考教學。那我今天拋出來的問題就是可以你們知道有沒有辦法達到創意思考教學，當我今天講完這 25 分鐘，你能不能重新編出一個三個和尚沒水喝的新故事。

肆、華人子弟創造力未能發揮的原因

華人子弟創造力未能發揮的原因，列舉如下供參：

(1) 過分強調 IQ 而忽略創造力
(2) 重視外在動機而忽略內在動機
(3) 強調知識來自權威的傳授，而忽略意義的主動建構
(4) 強調競爭表現、單打獨鬥，忽略團隊合作、知識分享
(5) 強調考試結果，忽略學習過程
(6) 重視紙筆測驗、記憶背誦，忽略真實評量、多元表現
(7) 支持乖男巧女、標準答案，排斥好奇求變、獨立思考
(8) 重視創造知識的傳授，忽略創造歷程的體驗及個人經驗與發現
(9) 強調努力認真，忽略樂在其中
(10)重視言教要求，忽略潛移默化

(11)重視學科本位，忽略課程整合

伍、如何促進兒童的創意、創造力

如何促進孩子的創意、創造力，我這邊舉一個人物的理論、建議，在民國二十年左右，陶行知教授是華人社會裡倡導創造力、創意思考教學的前烈之一，他的文章中寫道創造教育……等等，他提出了華人要提高人民創造力要從下列六個方向著力：

（一）不帶上封建有色的眼鏡，讓眼睛看到事實

什麼是事實、意見，在華人世界是曖昧不明，我假設大家都非常用心聽我在講課，是事實還是意見，要打個問號，可能有人在睡覺、有人在看書，所以我們要讓孩子明白清楚事實跟意見的區別是什麼。

（二）解放雙手

動手做，台灣的教育在現在已經進步很多了，所以說時代的經驗很重要，創意絕對不是憑空而來，經驗的很重要，有研究說職業學校、工科的學校，跟高中學生畢業後，那一個創造力比較高，答案是高職的學生，因為他有很多實務經驗，當你沒有很多實務經驗跟內容，就無法發揮，高中畢業可能徒有奇思怪想，但是他沒有實戰的經驗。

（三）解放頭腦

在幾十年前他就說我們的腦袋被迷信、成見、欺憐、幻想等該除掉，不論在哪個教育階段都要盡量避免。

（四）解放嘴巴

敢問敢說，小孩子如果能到問的自由就可以充分發揮他的創造力，鼓勵孩子發言是重要的，所以創意思考教學要如何做，同一個問題也許大家有不同的意見都可以提出來，也許老師心中或課本有標準答案，但我們允許這空間的包容力聽聽大家不同的意見，這是一個指標性的教學。

（五）解放空間

把孩子從鳥籠似的空間解放出來，到大自然去接觸花草、鳥蟲，自由的對宇宙發問，萬物為由。近百年前的學者評論意見用來橫論當今的教學，實在有些慚愧。

（六）解放時間

看看當今的小學、幼稚園還是在倡導這個口號，上午上了小學，下午又要去才藝班。

剩下的都是我外加的，「解放耳朵」就是在課堂上、教室裡面要有不同的意見，不然就成了一言堂，耳朵聽到的都是特定的想法看法，這對我們孩子思考的啟發都是封閉的，能讓孩子自由發表不同意見的時間空間，然後同學才有機會聽到不同的看法。

此外「動動腦」可以從我給各位的文章中做參考。我再舉一個例子：有一本繪本「紅公雞」，故事拿來你就唸給孩子聽，有人說閱讀是創意的基礎與策略，這沒錯，但是你可以故事說一半停下來，問問小朋友接下來會怎樣，大家的意見都不同。另外一個故事叫做「兩匹馬打架」，村子裡的工人有一匹馬每天拉貨到村莊去，有一天工人累了，就把它拴在大樹下休息，剛好村中有錢人家也騎著一匹壯的馬過來了，氣勢凌人，有錢人就要求把馬也拴在樹下，所以叫工人把馬牽走。工人不願意，就表示那兩匹馬拴在一起吧！要打架就打架吧！故事講到這邊就停，那這樣就結束了嗎？有人說有，有人說沒有，這就是不同意見。故事原版是怎樣，接著又可以如何想像，像說如果你是窮人或是富人，你們要如何解決問題？如果真的打起架來，哪匹馬會贏？讓孩子去想去思考，這樣就不會看到孩子打瞌睡啦！還有很多活動可以加進來，像是學雞叫、學雞走路、畫畫等，這些都在老師的一念之間，你們都有這樣的能力只是願不願意做。

陸、結語

以下附錄兩篇筆者的舊作供參：一是〈當前國小教學缺失之我見〉，一是〈教學創新意義與實例〉。很多事情我們不要只看傳統的典範、楷模，我們除了看現象也要會看「異象」，典範、楷模值得學習，除此之外在多加一些改變，多一些創新，這樣台灣的競爭力才會提昇，人才決定國家的未來，那人才怎麼決定？當然是靠老師的培養，那老師的培養除了學術之外就是要創意。

【附錄一】

當前國小教學缺失之我見

張玉成　教授

本文扼以階段性和成長性來檢討、分析當前國小教學的一些缺失。

所謂階段性，係指個體在持續發展的歷程中，其形式與內涵所呈現的變化與特質，但以某一時段為單位。例如人的發展可分為：嬰兒期→兒童期→青少年期……等；又如國家的經濟發展可分為：未開發→開發中→已開發等不同階段。

所謂成長性，意謂個體發展隨著階段性的變化，其形式與內涵的品質，應呈後一階段優於前一階段的現象，才不失其意義。例如個體的生理狀況、行為能力等，兒童期比嬰兒期好，青年期又比兒童期佳。又如國民平均所得、生活富裕程度等，開發中國家比未開發中國家高，已開發國家又比開發中國家好。

當前國小教學，由一年級到六年級，相當缺乏階段性和成長性，形成多項亟須改善與重規的缺失。茲檢討說明如下：

一、長期停滯在「餵食」性教學，而沒有步入到「選食」、「覓食」性教學階段

一年級新生，剛剛離開奶媽餵食的環境，卻又進入到另一個奶媽（教師）餵養靈糧（教材）的新生活。教育部、廳、局好比生母，

他們是提供食物（教材），吩咐奶媽（教師）餵養（教）孩子（學生）。奶媽怎麼餵，孩子就怎麼吃，餵的不夠固然不能要求多吃，餵的過多也不能少吃，師生似乎毫無選擇的餘地。這種現象，一年級時如此，三年級也如此，到了五、六年級時也沒啥差別。

孩子愈大，自知自治能力愈高，個別差異也愈大，學校似乎可以隨著年級提升而給予「選擇食物」的機會。老師固可以要求一定程度的共同性（如必修性教材），但也不妨提供類如自助餐式的服務，讓兒童有自由選擇的機會，以因應個別需求。

由餵食到選食是一個階段，但更希望能步入到「覓食」的層次，而具較高成長性。當家長的常聽孩子們說：「功課作完，書讀完了。」顯示兒童心中所謂讀書就是功課、寫作業，並以老師所規定、所吩咐的為範圍。老師不餵則不食，不推則不動的現象，一、二年級的學生或許可以如此，但中、高年級學生，恐怕便不合宜，所以學校應該培養他們肚子餓了，爸媽不在家，自己懂得去「尋覓食物」的心態和知能了！

二、天天抱持「無疑」的心情上學，不如養成「存疑」、「釋疑」的心境到校為佳

筆者當校長期間，每天七點多在校園欣賞同學們上學情景時，常自問：「孩子們身上所帶書包、手提包兩大包中，除了課本、筆記本、文具和飯包之外，不知還帶些甚麼？腦袋瓜中可曾帶來一個問題？」答案是：「學生們不帶問題到校求解，他們總是以「無疑」的心情，快快樂樂上學，歡歡樂樂回家。

低年級學生或可如此「無疑」，中、高年級學生則似乎不宜如此放心。假如每個人每天抱持「存疑」的心上學、帶一個待解的問題到校，或由同學們共同研討求解，或請教老師解答，或到圖書館找資料探討，如是每日一題，日積月累，豈不可以集腋成裘、聚沙成塔了。

由「無疑」到「存疑」是一種進步，但更希望做到「釋疑」的階段。所謂「釋疑」強調存疑之後，自己能努力去解答問題，逐漸脫離對老師及同學的依賴，國小教學宜配合學生身心發展，漸次培養他們具有「存疑」心理，進而有「釋疑」的能力。

三、讀書方法延續「存糧」觀念，未能突破改以「存寶」、「存款」觀念去努力

積穀防饑是傳統農業社會相當普遍而重要的觀念，二十多年前的台灣就是很好的寫照。但時代在變，環境在變，當今不但非農業人口家庭不再大量積存口糧，連農民也知適時出售米穀，不願多所積存。原因無它，一因收穫來的稻穀囤積在倉，容易損耗，如鼠吃、受潮發霉等；二因社會繁榮、經濟發達，不虞買不到食物，只怕沒錢買，因此，當今一般百姓，不太願存糧，而把米穀賣出，將所得金錢置產，例如房地產、黃金、或存入銀行等。類此存寶行為不但不會耗損斤兩，而且可待價而沽。存錢是另一種理財方法，暨安全又方便，非但不損耗，反而又會生利息，增加收入。

由存糧改向存寶、存款的經濟發展現象，恰似可以用在學生學習態度的改善。例如大量記憶、背誦的讀書方法好比存糧；適量記誦並把握原則，重視思考與應用的方法宛如存寶或存錢。面對資訊大增的

時代，人們多記多背仍將感到掛一漏萬；反又會因窮於應付記誦之學而忽視了更大收益的較高層次的學習。教學，隨著年級的增長，似應由重規「存糧」的方法，逐漸轉為「存寶」、「存款」的策略。

四、教學歷程欠缺變化性，仍舊脫離不了「食譜式」的做法

教科書、教學指引是目前國小老師主要的教學藍本。按圖索驥地施教本是方便行事，也可以有一定水準的成效，但若教學以此為限，則又未免抱殘守缺，偏失難免。學生資質互異，聖賢才智，平庸愚劣，各有不同，老師施教若欲以一個方法以滿足萬人需要，則若如全家庭依循同一食譜燒出同一道菜以享所有人口一般。這種強人所難的做法，不但難能滿足食者需求，同時也限制了掌廚者的潛能發揮。

教學方法，過程和媒體等宜力求變化，不避拘泥於教科書與教學指引。若以自然科「種子發芽」這個單位為例，老師指導學生做實驗便可有些變化：例如將全班分為四組，第一組依照課本所去做（包括材料、過程），第二組選擇一個變項不同於課本所述（如以破布代替棉花），第三組又不同於前兩組（如用木屑代替棉花），第四組又不同於前三組，如是四組所得實驗的結果，便不是同一種實驗，而是四種實驗的報告。顯然可見，全班學生分享四種報告的收獲，應比全班同一實驗所獲得的多。

五、吃便當的求學心態，仍高於吃和菜及西餐

便當受歡迎，可能因為：（一）便宜；（二）快速可取得；（三）不必費神選菜；（四）單獨食用，跟他人毫無瓜葛。吃西餐則有很大的不同；（一）不便宜；（二）花時間；（三）點菜費神；（四）常受侍者干擾，不得安寧。例如：侍者剛問完要吃牛排還是豬排又問要全熟或半熟，最後又問要咖啡還是要紅茶等。至於和菜則介於兩者之間。

學習如抱持買便當吃一樣的心態，顯示其怕事、依賴，而且急功近利。吃西餐花錢費時，又常需做決定選擇自己喜好的食物和飲料，可視為一種訓練，也是教育的歷程。國小學生的學習態度，始初或可以買便當吃心態當起點，年級漸高，則宜予陶冶吃西餐的態度，期能培養批判思考，獨立自主，和不怕事繁的精神。

六、學生對自己的言行常每日「不省」，希望輔導經由「三省」而到「三喜」的境界

曾子勉勵學生要「吾日三省吾身」，以為立身處世的動力。然而，觀察當今學生，只見天天奔波於餵食，無疑的吸收、學習活動，而無定靜下來反省檢討的功夫。老師似宜相機指導學生從事類如三省的活動一為人謀而不忠乎？與朋友交而不信乎？傳而不習呼？

然而，徒重反省，檢討自身的缺失，也不是可取的方法。因為一味挑選自己的毛病，易於偏向否定自我，信心便無法建立，影響所及不但難能樂觀進取，而且易生攻擊行為，否定別人，影響彼此和諧，妨礙團體進步。因此，筆者認為，培養兒童反省、檢討同時，不忘併同鼓勵他們也欣賞、喜愛自己，肯定自己的長處、善行和良德。「三省」宛如汽車之煞車，「三喜」好比加速器，推拉有序，始可安全上路，順利行駛。

七、讀書不能徒重輸入原料，還須加工生產，進而將產品輸出銷售，才能有所益。

先賢鼓勵人讀書要像蜜蜂採蜜，才能把辛苦由花朵中採得的材料，利用自己特有的機能予以加工、釀造並轉化為更香甜的蜜。如因讀書像螞蟻儲糧，只是由外地採食搬回蟻窩，不予加工，則其所存食物，不但品質不能提升，反有腐壞、耗損之虞，日有所失。觀察所見，當前國小學生如同小螞蟻般的吸收、保存「糧食」而已，少有消化、釀造的功夫。例如老師教唱：「淡淡的三月天，杜鵑花開在山坡上……」，學生一遍一遍的唱，唱會了、唱熟了，卻殊少會有人思考改唱如：「淡淡的三月天，杜鵑花開在道路旁……」。

輸入復能加工生產，最後還能移輸出，才是完整的學習。輸出係指表現、展示出來。無論是心裡想的意念也好，情感也好，是文學作品也好，是美術作品也好，只要是花了心力的作品，並具有幾分價值，就可勇敢的展現。愛表現符合個人心理需求，更能把經驗分享他人，加速進步。人人勇於表現，則如同大家跑接力賽一般，前者的終點是後者的起點，一棒接一棒，其速度之快，豈是中長距離賽所能比擬？

年級低，吸收輸入的比重大；年級漸高，則加工、輸出的比重漸提昇。如是循序漸進，成長遞嬗，學習績效才可望卓著。

上述七項檢討，取材自筆者四年半第一線工作經驗觀察所得，復又析理以發展的階段性及成長性，所論各點盼能拋磚引玉，共同為提昇國小教育品質而獻力。

【附錄二】

教學創新之意義與實例

張玉成　教授

曾前部長志朗博士上任之後，特將「教學創新」一詞與九年一貫課程改革結合併稱，藉資彰顯新課程改革之核心目標，貴能改進教學以提升學習成效。

壹、教學創新之意涵

何謂教學創新，未見官方提出明確定義，但若參酌九年一貫課程改革精髓，略可看出其要旨概有：

一、創新性教學

意指具有創意、或新穎的教學方法、策略和過程，使教學活動生動、活潑、有趣、多元、有變化，而能有效引起學習動機，集中注意力，用心投入，期能產生良好的教學成效。創新性教學著重過程的改革和變化，焦點在「有味」。

二、思考啟發教學

焦點放在教學成果的提昇和擴大，包括知識的增加、心智的成長、視野更前瞻、和情意態度的良好陶冶等。大凡教學過程中，教師安排一些活動，足以激發學生思考達成上述效果者謂之，其指標在「有料」。

三、雙贏兼備教學

這是教學創新所追求的目標，即是上述創新性教學和思考啟發教學的總合體，強調「過程」與「結果」兼重，「有味」又「有料」的教學實施。類此兩全其美的教學，期以「生動有趣」替換「呆板無味」，以「創新應用」取代「灌輸記誦」，用「獨立判斷」驅逐「盲從附和」。

理想目標還須仰賴策略方法予以達成，這次國民教育課程諸多改革重點即是為此而訂，故說「教學創新為九年一貫課程的核心理念」。諸如學校本位課程、統整課程、協同教學、主題教學、彈性學習節數、鄉土教材，多元評量等，在在導向更多更好的創新性教學和思考啟發教學為鵠的。

貳、教學創新舉例

一、創新性教學事例

事例一：綠色革命

王老師跟同學探討「顏色」所代表的意義或性情之後，靈機一動聯想到批改學生作業用筆的選擇問起。心想，紅色代表血液、熱情、火焰和熱烈；綠色代表自然、生命和運動等意涵，為何同學們的作業本上或考試卷上，盡是紅色筆的批改，而不是綠色呢？

於是，他決定嘗試改革，往後的學生作業批改和考卷評分，都以綠色筆為之，並勉勵同學「紅」轉「綠」具有賦予生機、欣欣向榮的意味。同時，針對錯誤的部份，不再使用×，而改以？，或批註行之，如「要弄清楚這個問題，可參閱課本第幾頁、第幾段」，「這個部份可向※※同學請教」等等。

這樣一個教學上小小的嚐試，改變了同學對教師批註的印象，引起了同學的新奇，帶給他們求進的動力，提升對作業批改的重視，因為學習的反省與回讀效應增加，成績獲得進步。（畢長慧，2000,11-12 頁）

事例二：化敵為友

話說古時候有個員外，老來得子而望子成龍心切，於是早早便就聘請老師到家教兒子—小寶認字讀書。說也奇怪，小寶快七歲了，老師換了好幾位，連三字經都背不來。心急之下，便就公開徵求家庭教師，條件如下：半年內教會小寶背誦三字經，經考試及格後，賞給一千兩銀子為酬勞。

終於有位方老師應選上，他信心十足地向員外保證說：「不用半年時間，只須四個月就行了。同時我絕不會處罰、更不會體罰孩子。但是，我有個條件，那便是：我怎麼教，請不要過問，」員外答應，隔天開始上課。

日復一日，方老師來上課已滿三週。某日晚上員外試探小寶學習成果，未料小寶答以：老師沒教他讀害寫字，三週來只是陪他玩。驚訝之餘，員外找方老師溝通，方師答說：「員外免操心，一切照計畫順利進行，小寶很聰明，四個月後定將令人滿意。請員外信守不過問我如何教的承諾為是。」

原來，方老師另有一套教學策略。他不急著認字讀書，先著力於跟孩子溝通瞭解，建立良好互動。發現小寶喜歡玩泥巴，便就從教他玩泥巴下手，有步驟地陪他、教他捏泥土。先會作杯碗，進而陶作魚蛇鳥獸，進而塑造俊男美女偶像。教學過程中，技巧指導認真，伺機鼓勵有加，並有秩序地將其作品一一陳列，令使孩子樂此不疲。

滿三個月了，方老師見時機成熟，便用心地引領小寶檢視、欣賞所展列的學習成果作品。看完那些俊男美女陶像，方師冷然提問：「小寶，你塑造的這些女士、先生叫什麼名字？」小寶頓時不知所措，只好搖頭表示，方師追問：「需要我幫忙取名嗎？」回說：「是。」

方老師早有預謀，取名前先給小寶一個條件：「今天幫你的偶像取名五個，就必須謹記在心，明天考問你若都認得答案全對，則再幫你命名五個。」師生二人默契十足，小寶選取五個人偶，老師不假思索地開出五個名單，依序是：人之初、性本善、性相近、習相遠、苟不教。

小寶為他手製偶像取名字，一個個記得清清楚楚；老師讚美他手工作得好，腦筋記得快又穩。四個月期滿，員外驗收成果非常滿意，小寶終於背熟了三字經。

二、思考啟發教學事例

事例一：向曹沖挑戰

語文課中，老師教「稱象」一課，介紹完曹沖想出的稱大象重量方法之後，提出一連串問題如下，來啟發學生思考：

（一）官員提出的稱象方法和曹沖稱象的方法那個較好？

（二）曹沖是怎麼想出這個稱象的好辦法？

（三）官員建議的稱象方法有什麼缺點？

（四）曹沖的稱象方法和官員提出的有相近似的地方嗎？

（五）如果當時你在現場，你有比曹沖更好的辦法來稱大象嗎？

同學經過老師的激勵、引導，同學們熱烈、用心的向曹沖挑戰，提出下列不比曹沖方法差的想法：

1. 用一擔一擔的泥土替代一塊塊的石頭。
2. 用大小一樣的木桶先擺放在船上，再從船邊舀水裝進水桶，用以取代石頭。

3. 不用石頭、泥土，也不用水，而改用人。人會自己上船、下船，不必費力搬運，比較方便。（畢長慧，2000,53-55 頁）

事例二：種子發芽

自然課探討「種子發芽」的條件和過程，依據課本及教學指引，告訴學生實驗的過程大體如下：

備妥培養皿→鋪上棉花→澆上適量的水→均勻地播下種子（黃豆）→放置在燈光下照射數小時→放在戶外陽光下曝曬數小時→觀察、記錄發芽情形→分組報告與分享→討論與總結。

王老師教這個單元已經連續二年，當第三次準備同一單元教學時，心想全班四十位小朋友，共分八組，每組都用一樣的器材、方法實驗，完全相同的動作，似乎過於單調而且浪費資源。於是，他靈機一動，這次教學，嘗試指導每組選擇一個變項，不同於其他組別。例如第一組用棉花；第二組則用衛生紙；第三組選用木屑；第四組恢復用棉花但種子選用花生，以求不同於第一組用黃豆，其餘各組依此類推。

由於每組都有一個特點，所以實驗結果分組報告分享的內容便更多樣，內容更加豐富，全班所學不再是一個實驗，而是八個大同小異的實驗，學生見聞獲得增廣。

三、雙贏兼備教學舉例

創新教學追求的最高目標，是教學過程與成效兼顧，有味又有料，二者均優的教學表現。前者要求教學新奇、有趣、多元，而能有效引起學習動機，集中學生注意力，並用心投入參與教學活動；後者聚焦在教學成效的提升、增進和擴展，包括知識的充實，思考的啟發，視野眼光的拓展和前瞻，以及情意態度的陶冶等。

事例一：圓的功能

數學課進行圓的探討，除了介紹圓的一般要項如半徑、直徑、圓周率、圓面積的計算等內容外，有關圓的功能亦不可少。

林老師第三年準備圓單元的教學，想要有所突破，便事先預擬下列問題，以引發同學探索、討論：

1. 物體的形狀，有正方形、長方形、三角形、圓形……等，請同學回家觀察、統計一下，你家裡的日用品那一種的形狀最多？那一糧最少？下次上課時，請同學報告、分享觀察結果。
2. 請小朋友看看，教室裡現在所能看見的東西，有那些不同的形狀？一種比較多？那一種比較少？
3. 為什麼～～～的形狀較多？
4. 請同學瞧瞧老師身上有那些圓形的東西？
5. 如果這些圓形的東西改換成其它形狀可以嗎？會產生什麼不同的效果？
6. 日常生活中，有那些事物跟圓形有關？
7. 這些事物如果不是圓形會有什麼變化？
8. 國語中有「圓」字的詞或成語有那些？
9. 圓的概念可以在建築物、玩具、運動、舞蹈上找到嗎？請舉例？
10. 你能利用圓球(如乒乓球、玻璃珠)塑造出有意義的造型嗎？

備妥上列十個問題，林老師便配合著進度，或於課堂上提問、討論，或交代學生以家庭作業完成。學生反應熱烈，成效良好。

事例二：愛迪生時間

五年一班吳老師為激發學生的創意，鼓勵學生動手創作一些作品，平日便鼓勵同學把家裡看來很無少用，甚或準備被丟棄的小東西拿到教室來，這些東西包括玩具、皮球、小鬧鐘、手電筒、爸爸淘汰掉的刮鬍刀、門鎖、鑰匙、繩線、塗料、易開罐、空瓶子、鈕扣等。

這些小東西，經由教師指導加以分類分置於不同儲物箱備用，類別概分為玩具類、運動器材類、動力馬達類、繩索類、黏膠帶類、飾品類、工具類、瓶罐類……等。

材料積累相當數量後，吳老師將準備好之系列創作活動單元計畫公佈，包括陸地上走的造物，水中游的造物，空中飛的造物三大主題。每三週一主題，每週安排出 40 分鐘為原則的「愛迪生時間」，介紹、引導、鼓勵同學發揮創意，動用手腦製作心愛的東西。

每單元造物之創作，可由個人獨立完成，亦可由 2-3 人合作完成。成果驗收過程，包括展示分享、互評排序，並提出改進建議等。

事例三：出租公司

社會領域課程探討企業公司的類別及其特質時，教師選定了「出租公司」作為專題作業，有計畫地要求並指導學生完成下列工作：

（一）請同學們蒐集資料，列舉寫出當今社會上有那些不同性質或類別報告分享後，以出租事物為業的公司？

（二）調同學 2-3 人組成一組，認領一種出租公司作為調查分析對象，老師指導調查技巧。

（三）調查內容包括這種出租公司出租的東西、租借的對象、價格、其它條件、生意好不好、在我們學區內相同的公司有少等？

（四）同學完成調查，擇期向全班報告調查發現、分享知識，並進行互動討論。

（五）特別安排一組同學提出報告：

例如請「房屋出租公司組」報告項目如下：

1. 租屋子的人（房客）的職業（或工作類別）？
2. 房客的年齡分佈、性別？
3. 房客是已婚或未婚？
4. 房客希望的房間大小、傢俱設備。
5. 房客比較喜歡的房子之條件有那些？
6. 房客心中認為合理的房租是多少？
7. 房東是些什麼職業的人？
8. 房東的年齡分佈、性別如何？
9. 房東找房客，除了房租價錢外，會考量房客那些條件？
10. 房東對房客有特殊的要求嗎？如預收租金、壓金……等。

（六）鼓勵同學想出新（內容）的出租公司，例如電腦出租公司、動物出租公司。並請分組設計提出該出租公司的廣告文宣。

事例四：水來水去知多少

今年夏天台灣北部地區之缺水最為嚴重，邱老師把握機會設計了「水來水去知多少？」為主題。指導學生作專題研究，以資增進小朋友有關「用水」的知識，並期培養節約用水、珍惜水資源的態度和習慣。

社會科教學中，邱老師規定了一項特別的作業：「本週的作業簡單些，不必抄抄寫寫：只要請大家向父母親借用家裡最近二次的自來水帳單，於下個禮拜二帶到學校社會課備用。」同學們聽了既高興，又疑惑。高興的是不必寫功課，疑惑的是「自來水帳單」是什麼？

到了社會科上課時間，邱老師確定同學們帶來自來水帳單後，便

（一）使用提問方法引導同學閱讀帳單上資料，幫助學生學會看帳單：

（二）請同學各自計算出，家裡平均每人每月用多少度水？

（三）跟同學探討一度水究竟有多少，並進行實測，讓同學充分瞭解一度水的數量。

（四）同學報告分享統計結果，並作分析比較，增加同學對日常用水情形的瞭解。

本節課即將結束，邱老師又給同學另一個作業：每個人連續觀察家人用水情形三天，請注意記錄

（一）水用來作什麼？

（二）上午、下午、晚上那個時段用水較多？

（三）有什麼方法可以節省用水？

下一次上社會課，就上列問題請同學發表觀察結果，分享心得經驗，並可作必要之比較分析。

如果時間允許，可引導小朋友蒐集資料，思考回答下列問題：自來水經過那些處理才流到家裡的？是否每個家庭用水都是自來水？家庭用水還有那些不同的來源？

參、結語

教學創新是國民教育九年一貫課程之核心理念（教育部，2002），學習有趣、有成是這一波教改工程的首揭目標。新課程強調鬆綁授權：

（一）學校與老師有主動發展課程、自編、選編或改編教材空間；

（二）各校經由 SWOT 系統分析後，研訂未來發展願景及實施策略；

（三）七大領域的基本教學節數約佔 80%外，另餘 20%彈性教學節數留給學校老師自行規劃利用；

（四）成立班群以方便實施協同、合作教學；

（五）鼓勵專業自主地去研發統整課程與教學；

（六）多元評量以應因材施教等，在在都是教師們發揮創造思考，以及在教學上善加應用的機會。

然而，「鬆綁」不是放縱，「授權」不足以自行，尚賴地方政府、學校及第一線教師能夠「增能 J，提升並發揮自己的專業能力，方期克竟事功。爰此，本文不揣剪陋，嘗試解讀「教學創新」意涵，並介紹事例，藉資拋磚引玉，激發群力共同研發，以厚植教學改革成功之基礎。

參考文獻：

俞成峰（2000）。綠色的啟示。載畢長慧主編創新教育百例／創新教育百忌，11-12 頁。

教育部（2002）。新世紀的挑戰——九年一貫課程政策與執行手冊。教育部九十一年全國九年一貫課程實務研討會 32 頁。

顧月祥（2000）。向曹沖挑戰。載畢長慧主編創新教學百例／創新教學百忌，5 頁。

「問想做評（ATDE）」創造思考教學模式與策略

陳龍安　教授

壹、培養學生創造思考能力的教學已成為趨勢

知識經濟時代的來臨，創新、創意、創造力變成核心智能，因為：創意是企業永續經營邁向卓越的活水源頭；也是人力資源開發及管理的成功要素；創意是現代及未來人類所必須具備的能力；更是學校教學成功的不二法門；面對新世紀的挑戰,我們要維持競爭力,必須擁有一批具創意頭腦靈活、想像力豐富、具溝通和應變能力且能面對新環境的人才。但目前的教育制度，科繁目多、功課重、考試壓力大，學生為應付考試只顧背誦、強記，沒有足夠的時間與空間發揮創意。

培養學生創造思考能力的教學已成為趨勢，所謂趨勢是指即將發生或可能發生的現象，此種現象將持續一段時期並對人類生活具

有影響的作用。這是一個瞬息萬變的時代，我們不能以過去所學的教現在的孩子去適應未來的生活。所以教學應對趨勢有所適應，培養學生創造思考能力的教學已成為趨勢。

創造力是人類大腦中最珍貴的寶藏，也是奠定未來的基礎。近些年來，由於人力資源的開發日益受到重視，有關啟發創造力的方法及策略也普受歡迎，此現象在工商企業界尤其明顯。國內外有關創造力的著作為數不少，大都具有廣闊的應用價值；它不僅能指導我們怎樣去創造，更為我們的創造發明找到一條成功的捷徑。但創造能力的發揮，必須靠人們從生活實踐中加以掌握、運用、從做中學習，才能真正達到其功效。

由於人口的激增，社會的遽變，人和人之間往往因為彼此在資源上、利益上、意識型態、甚至價值觀念的衝突，而引發了各種層出不窮的社會問題。人類所面對的問題，大如權威的解體、獨立運動、中央與地方爭權、黨派的競爭執政的輪替……等等，小至家庭、婚姻、親人、人際關係……等問題，其複雜度，已遠超過以往的年代。我們已經無法以不變應萬變，時勢所趨，有時候必須以萬變應萬變。

我國由於傳統教育的束縛、升學競爭的壓力，「應試及應賽」的教育偏重背書、考試，忽略了思考創造，以致於培養出「功利、自私、缺乏積極主動，以及團隊精神」的人才，這種「一試有用，一世無用」的教育，多年來一直為有識之士所詬病，近年來，各界莫不呼籲加強創造人才的培養。今天我們學生最大的智能缺陷，就是缺乏想像力和創造力。我們的學生很可能在學業上有很好的表現，但面對新的問題情境，卻顯得有些能力障礙。

教育部依據行政院知識經濟發展方案「檢討現行教育體系，加強創新及再學習能力之培養」暨行政院第六次全國科技會議「培養具創造力之人才」等議題，創造力與創新能力之培育為國家發展之重要關鍵，亦為教育工作之未來推動重點。為具體實徹此一任務，顧問室擬推動兩項計劃：（1）撰寫創造力教育政策白皮書，從整體制度層面規劃創造力政策。（2）提出創造力中程計劃（91-94年度）。

在國民教育階段「國民教育九年一貫新課程綱要」以教學創新為主軸，九年一貫新課程設計係以學生為主體，以生活經驗為重心，培養國民具備基本能力為核心主軸，包括：「了解自我與發展潛能；欣賞、表現與創新；生涯規劃與終身學習；表達、溝通與分享；尊重、關懷與團隊合作；文化學習與國際瞭解；規劃、組織與實踐；運用科技與資訊；主動探索與研究；獨立思考與解決問題」等十項基本能力，因此，未來我國國民教育發展將邁向新境界，以培養學生具備「帶著走的基本能力為主，根本代替背不動的書包與知識導向的課業教材」，以期師生教學過程充滿快樂與活潑的景象。

貳、創造思考的教學

什麼是創造思考教學？

創造思考就是一種新的想法，也是一種提出新問題，解決新問題、創造新事物的能力。

創造思考教學是一種培養學生創造思考能力的教學。

創造思考教學的特點在推陳出新，而非墨守成規。鼓勵學生有新的想法、有不同的意見，讓學生想得多、想得新、想得巧、想得妙、想得呱呱叫。

傳統教學是一種事物一種用途，一個問題一個標準答案。例如教學生筷子是拿來吃飯用的。創造思考教學是教學生筷子除了吃飯用，還可以做許多其它用途，讓學生思考各種不平凡的用途，一個問題有許多不同的答案，「一物多用」，甚至「廢物也可利用」。1+1 等於多少？等於 2 或等於 11 還是等於王？相信很多人都曾被別人問過這個問題，也拿這個問題問過別人。無論如何，大多數的人都把這個問題當作逗樂的材料看待。您有沒有想過，這個問題是如何被構想出來的？

根據研究報告顯示：創造力的高低與智力的高低相關性很低；換言之，每一個人都具備成為思考靈活、創造力充沛的人之潛力。祇是，從沒有人指導我們怎麼去啟發這些有用的潛力；或是直接就被扼殺了。特別是九歲以下的兒童，正確的教育方式常可改變他的一生。傳統教學法的『貝多芬（背多分）』、『蔣光超（講光抄）』、『急驚風（趕進度）』，把兒童訓練成很會考試、很會記憶、很聽話的人，你問十個人同一個問題，他們的回答可能都是一樣的，因為『老師說的』當然就是唯一的真理。現在，誰都知道這種情形必須改進。

總之，創造思考教學是教師透過課程的內容，在一種支持性的環境下運用啟發創造思考的原則與策略，以激發和增進學生創造力的一種教學。

參、創造思考教學的架構與模式

一、創造思考教學的架構

創造思考教學的架構主要源自創造力理論，並根據創造思考九大關鍵指標延伸發展創造思考教學目標，再採以各種相關教學方式及策略進行創造思考教學活動設計，最後以創造評量方式進行評鑑藉以評估整體的教學效果。

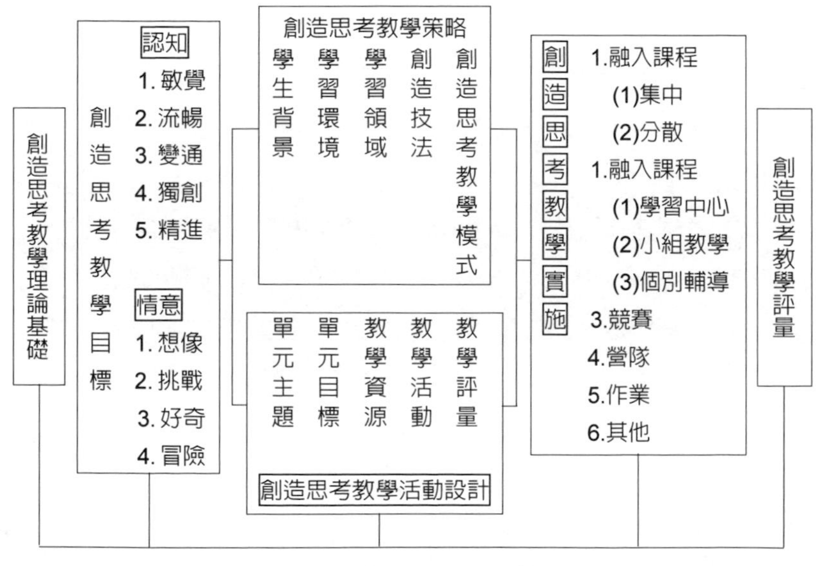

創造思考教學架構圖

二、「問想做評（ATDE）」創造思考教學的模式

教學模式是一種結構化的組織架構，用以發展特殊學習活動和教育環境；美國學者喬斯和魏爾（Joyce & Weil，1980）研究發現有八十種教學模式，各模式有其不同的目的和中小領域，在選擇教學模式時應考慮到教學的環境及教學模式本身；必要時必須綜合數種模式，以適用於不同的情境（毛連塭，1987；Maker，1982）。

創造思考教學是否應有一個固定的模式以供遵循，學者見仁見智，意見紛云；一個良好的教學模式應符合以下五項標準（Maker，1982）：1.適合環境，2.綜合性，3.彈性或適應性，4.實用性，5.有效性。

綜合上述基爾福特（Guilford，1967，1977）的智力結構模式；帕尼斯（Osborn，1963；Parnes，1977）的創造性問題解決模式；泰勒（Taylor，1968）的多種才能發展模式；威廉氏（Willians，1970）的創造與情意教學模式，以及其他教學模式提出「愛的」（ATDE）教學模式。所謂 ATDE（愛的）係由問（Asking）、想（Thinking）、做（Doing）及評（Evaluation）等四個要素所組成，其模式如圖 1 所示：

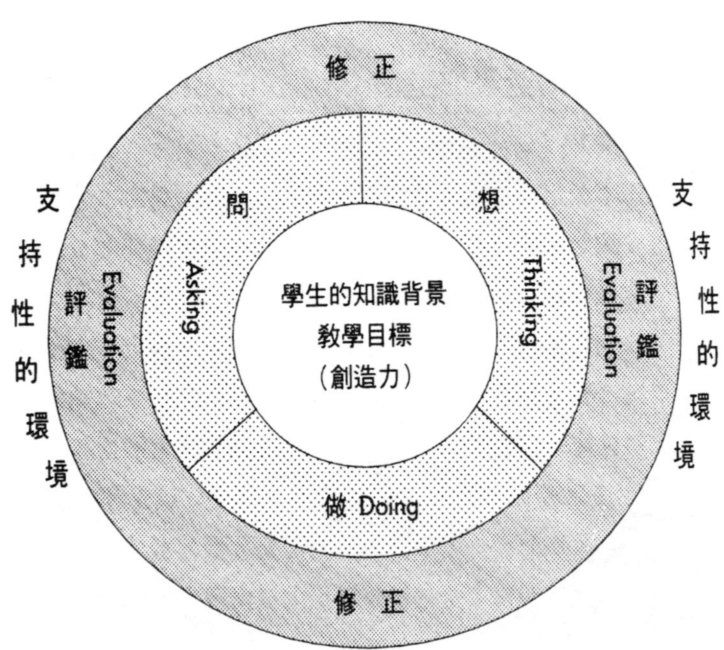

圖 1 陳龍安（1990）「問想做評」創造思考教學模式

ATDE 模式，其代表意義如下：

（一）問（Asking）

教師設計或安排問題的情境，提出創造思考的問題，以供學生思考。特別重視聚斂性（Convergent thinking）問題及擴散性（Divergent thinking）問題，也就是學生自由聯想，擴散思考，並給予學生思考的時間，以尋求創意。提供學生創造思考與問題解決的機會。

（二）想（Thinking）

教師提出問題後，應鼓勵學生自由聯想、擴散思考，並給予思考時間尋求創意。

（三）做（Doing）

利用各種活動時方式，讓學生做中學，邊想邊做，從實際活動中尋求解決問題的方法，而能付諸行動。

在上一階段中，不同的活動方式，是指寫（writing）、說（sepaking）、演（playing）、唱（singing）……等實際操作或活動。

評（Evaluation）：是指師生共同擬訂評估標準，共同評鑑，選取最適當的答案，相互欣賞與尊重，使創造思考由萌芽而進入實用的階段。在此階段所強調的是師生相互的回饋與尊重，也是創造思考「延緩判」原則的表現。

在 ATDE 模式中，非常強調學生的知識及經驗基礎，創造思考絕非「無中生有」，而係「推陳出新」，在學生原有的基礎上，提供擴散思考的機會，讓學生充分發揮潛能。而 ATDE 諧音為「愛的」，事實上，愛是創造的原動力，創造思考教學非常重視提供自由、民主、安全及和諧的環境和氣氛，亦即「愛的表現」，也即強調師生應「有容乃大」，容忍不同的意見，尊重別人，接納別人，所以 ATDE 又稱「愛的模式」。

綜合上述說明，ATDE 模式具有下列三項基本假設：

第一、推陳出新：在學生原有知識背景之上實施問、想、做、評的活動。

第二、有容乃大：強調愛的教育，暫緩批判能容忍不同或相反意見的雅量，以及提供和諧的教學氣氛。

第三、彈性變化：問想做評的程序依實際情況彈性調整，可問→想→問→做→評，也可以問→做→想→問→想→做→評，靈活運用。

三、「問想做評（ATDE）」創造思考教學模式相關研究之成效

綜合曾子英（2009）、張蕙芬（2009） 及 錢劍秋（2009）在探討運用陳龍安（1989）「愛的」（ATDE）創造思考教學模式之博碩士論文相關研究的成效性如表 1 所示。

表 1　「愛的」（ATDE）創造思考教學模式之相關研究

年代	作者	題目	對象	科目	時間	實驗設計	工具	其它策略	成效
2009	曾子瑛	繪本創造思考教學方案對國小資優生創造力之影響	國小資優生	繪本	3 小時 40 分鐘	準實驗設計	1. 繪本創造思考教學方案 2. 新編創造思考測驗	綜合一般創造思考策略	有效
2008	林慈瑋	創造思考繪本教學對國小學童創造力影響之研究	國小低年級	繪本	約 4 小時	準實驗設計	1. 創造思考繪本教學方案 2. 新編圖形創造思考測驗 3. 學習單評量記錄表 4. 課程自我檢核表 5. 協同教師觀察記錄	綜合一般創造思考策略	有效

2008	陳博鍊	『問想做評（ATDE）』團隊創造力訓練方案對企業人士訓練成效之研究	企業人士	創造力訓練	14 小時	準實驗設計	1. 「問想做評（ATDE）」團隊創造力訓練方案 2. 新編創造思考測驗 3. Torrance 語文乙式創造性思考測驗 4. Torrance 圖形甲式創造性思考測驗	1. 腦力激盪法 2. 心智圖法 3. 曼陀羅思考法 4. 六頂思考帽 5. 六、三、五腦力激盪法 6. KJ 法 7. 七何檢定法 8. 六六討論法	部份有效
2008	謝怡君	3Q 創意教學方案成效之研究	五至六歲幼兒	綜合	約 8 小時	準實驗設計	1. 3Q 創意教學活動方案 2. 3Q 測驗 3. 教學日誌 4. 3Q 評估表	綜合一般創造思考策略	有效
2007	陳明耀	體驗式創造力訓練方案之成效研究	企業人士	創造力訓練	15 小時	準實驗設計	1. 體驗式創造力訓練方案 2. 新編圖形創造思考測驗 3. 新編語文創	1. 腦力激盪法 2. 六三五腦力激盪法	部份有效
2007	陳明耀	體驗式創造力訓練方案之成效研究	企業人士	創造力訓練	15 小時	準實驗設計	造思考測驗 4. Torrance 圖形甲式創造性思考測驗 5. Torrance 語文乙式創造思考測驗	3. 曼陀羅思考法 4. 六頂思考帽 5. 心智圖法	部份有效
2007	蔡宜穎	科學遊戲教學方案對幼兒創造力影響之研究	五至六歲幼兒	科學	約 小時	準實驗設計	1. 科學遊戲教學活動方案 2. 新編創造思考圖形測驗 3. Torrance 創造思考圖形測驗乙式 4. 威廉斯創造性思考和傾向評定量表		部份有效

2007	蘇筑筠	創造思考教學方案對高職生創造思考能力與創意氛圍之影響	高職資訊科三年級	專題製作	約18小時	準實驗設計	1. 創造思考教學方案 2. 新編創造思考測驗 3. Torrance 創造思考圖形測驗甲式	1. 腦力激盪法 2. 六六討論法 3. 六三五腦力激盪法 6. 屬性列舉法 7. 六 W 檢討法	有效
2007	蘇靜怡	英語創造思考教學方案對國中學生創造力、學習態度及學業成就之影響	國中九年級	英語	15~20小時	準實驗設計	1. 英語創造思考教學方案 2. 新編創造思考測驗 3. 威廉斯創造性傾向測驗 4. 國中學生英語科學習態度問卷 5. 英文科學業成績 6. 國中英語創造思考教學課程回饋調查表	1. 腦力激盪法 2. 曼陀羅思考法 3. 聯想法 4. 六三五腦力激盪法 5. 心智圖法 6. 重組法 7. 改變習慣法 8. 其它一般創造思考策略	部份有效
2006	張巧燕	團隊遊戲教學方案對幼兒創造力影響之研究	五至六歲幼兒	綜合	12 小時	準實驗設計	1. 團隊遊戲教學方案 2. Torrance 創造思考測驗 3. 教師教學日誌 4. 觀察記錄	綜合一般創造思考策略	部份有效
2006	張耀宗	於ATDE式教學法加入視覺化因素的探討 －方法、成效與評估	大學一年級	初等程式設計		準實驗設計			無效

2006	楊舒百	語文概念構圖教學方案對國小學生創造力及學習成效之影響	國小五年級學生	語文	約24小時	準實驗設計	1. 語文概念構圖教學方案 2. 新編語文創造思考測驗 3. 新編圖形創造思考測驗 4. 語文概念構圖教學意見調查表	概念構圖	部份有效
2006	楊懿純	繪本曼陀羅創造思考教學方案對幼兒創造力之影響	五至六歲幼兒	綜合	24 小時	準實驗設計	1. 繪本曼陀羅創造思考教學方案 2. 新編創造思考測驗 3. 幼兒活動參與觀察	曼陀羅思考法	有效
2005	林妙玲	創造力訓練方案對企業人士提昇創造力成效之研究	企業人士	創造力訓練	15 小時	不等組前後測準實驗設計	1. 創造力速成腦力激盪營 2. 新編創造思考測驗 3. Torrance 創造性思考測驗 4. 威廉斯創造性傾向量表 5. 創造力速成腦力激盪營培訓課程意見調查表 6. 創造力速成腦力激盪營培訓課程事後調查表	1. 腦力激盪法 2. 菲利浦六六討論法 3. KJ 法 4. 六三五腦力激盪術 5. 心智圖法 6. 曼陀羅思考法 7. 屬性列舉法 8. 七何檢定法 9. 六頂思考帽	部份有效
2005	林怡孜	應用 ATDE 式教學法與 Web Surfing 於初等程式設計–方法、成效與評估	大學一與三年級	初等程式設計		準實驗設計	Web- Surfing 實驗課程		部份有效

2005	謝文慧	『問想做評（ATDE）』創造思考教學訓練方案對幼稚園教師創造力影響之研究	幼稚園教師	創造思考教學訓練	20小時	準實驗設計	1. 『愛的（ATDE）』創造思考教學訓練方案 2. 新編語文創造思考測驗 3. 新編圖形創造思考測驗 4. 威廉斯創造性傾向量表 5. 創造力訓練研習營課程意見調查	1. 心智圖法 2. 腦力激盪法 3. 六三五腦力激盪 4. 屬性列舉 5. 5W2H檢討法 6. 六頂思考帽 7. 六雙行動鞋	部份有效
2003	周文敏	「創造性圖畫書教學」對國小學童創造力與繪畫表現之研究	國小四年級	圖畫書	約13小時20分	準實驗設計	1. 創造性圖畫書教學 2. 新編創造力思考測驗 3. 圖畫書插畫創做評定量表	威廉斯十八種創造思考教學策略	部份有效
2003	張秀娟	圖畫書導賞教學對幼兒創造力影響之研究	五至六歲幼兒	圖畫書	約9小時20分	準實驗設計	1. 圖畫書導賞教學方案 2. Torrance 圖形創造思考測驗乙式		部份有效
1989	陳龍安	「問想做評」創造思考教學模式的建立與驗證——智能結構模式在創造思考教學上的應用	1.國小三、五年級資優生 2. 國小五年級生 3. 國小五年級、六生 4. 國小二、年級生	1. 數學 2. 數學 3. 語文 4. 語文	（1）24小時 （2）26小時 （3）約10小時 （4）24小時	準實驗設計	1. 數學科創造思考研習活動方案、Torrance 圖形及語文創造思考測驗、數學成就測驗 2. 數學科創造思考教學方案與作業活動、Torrance圖形及語文創造思考測驗、數學成就測驗	綜合一般創造思考策略	1. 部份有效 2. 有效 3. 無效 4. 部份有效

							3. 語文科創造思考電視教學活動方案、Torrance圖形及語文創造思考測驗 4. 語文科創造思考教學方案、Torrance圖形及語文創造思考測驗、語文成就測驗、智力結構基本學習能力測驗		

又研究者就 18 篇台灣「愛的」（ATDE）創造思考教學模式之博碩士論文，依研究對象、研究領域、研究時間、研究方法、研究工具及創造思考教學策略六個層面整理統計，如下：

（一）研究對象

就研究對象而言，從幼兒至企業人士，各年齡層都有；雖以幼兒及國小最多，各 5 篇，佔總數 27.77%，但並未超過 5 成，可見「愛的」（ATDE）創造思考教學式的實施，不受限於特定的研究對象。

表 2　「愛的」（ATDE）創造思考教學模式之相關研究對象分析統計表

分析項目		篇數	百分比（%）
研究對象	幼兒	5	27.77
	國小	5	27.77
	國中	1	5.56
	高職	1	5.56
	大學	2	11.11
	幼稚園教師	1	5.56
	企業人士	3	16.67
總數		18	100

（二）研究領域

就研究科目而言，仍以繪本、圖畫書及英語等與語文有關的教材居多，共有 7 篇，佔總數 38.87；數學、科學及專題製作都僅有 1 篇，初等程式設計僅 2 篇；其它 6 篇如綜合、創造思考教學訓練及創造力訓練，都無特定學科，約佔總數 33.34%。可見「愛的」（ATDE）創造思考教學模式的實施，傾向使用與語文相關的教材，或是多元的教材。

表 3　「愛的」（ATDE）創造思考教學模式之相關研究科目分析統計表

分析項目		篇數	百分比（%）
研究領域	繪本、圖畫書	4	22.20
	語文、英語	3	16.67
	數學	1	5.56
	科學	1	5.56
	專題製作	1	5.56
	初等程式設計	2	11.11
	綜合	2	11.11
	創造思考教學訓練	1	5.56
	創造力訓練	3	16.67
總數		18	100

（三）研究成效

就 18 篇有關「愛的」（ATDE）創造思考教學模式之創造思考教學研究，依研究成效統計整理如表 2 所示，發現其中有 5 篇研究結果顯著有效，佔 27.78%；有 12 篇的研究結果為部份有效，佔

66.67%；只有 1 篇無效，佔 5.55%，幾乎九成以上的創造思考教學研究或多或少都有成效。

表 4　創造思考教學研究成效

表 2-9　分析項目		篇數	百分比（%）
研究成效	有效	5	27.78
	部份有效	12	66.67
	無效	1	5.55
總數		18	100

（四）研究時間

就研究時間而言，短至 4 小時左右，長至 26 小時，而教學規劃時間短為數天，長到數週都有，但以 10-12 週居多。

（五）研究方法

就研究方法而言，18 篇研究均採準實驗設計，但多數研究皆兼顧量化與質性資料分析。

（六）研究工具

就研究工具而言，18 篇研究均實施教學方案，所採用的測驗工具有新編創造思考測驗、Torrance 創造思考測驗、威廉斯創造性傾向量表及智力結構基本學習能力測驗等；其中使用威廉斯創造性傾向量表的研究有 4 篇，僅有 1 篇使用智力結構基本學習能力測驗，以新編創造思考測驗及 Torrance 創造思考測驗居多，可見新編創造思考測驗及 Torrance 創造思考測驗是使用率最高的創造力評量工具。

肆、創造思考教學的策略

一、瞭解創造思考教學的目標：創造力

Davis（1986）指出創造力教學或訓練主要在達成以下幾項目標：1.讓學生成為具有創造意識及創造態度的人。2.讓學生更瞭解創造力的主題。3.讓學生致力於創造力的活動。4.讓學生應用創造性問題的解決歷程。5.強化學生創造性的人格特質。6.協助學生學習創造思考的技巧。7.經由練習增強學生的創造思考能力。

創造力是一種能力，因此是可以訓練出來的，創意力可以經由以下的 5 種能力的培養，而逐漸培養出來。

1. 敏覺力：機警過人、觀察入微——發現問題。
2. 流暢力：思路暢通、旁徵博引——想出點子。
3. 變通力：觸類旁通、舉一反三——替代方案。
4. 獨創力：與眾不同、推陳出新——獨特新穎。
5. 精密力：周密詳盡、精益求精——全盤思考。

二、熟悉創造思考發問技巧

創造思考教學最常使用的技巧或策略，就是發問技巧。問題的安排以及發問的適當與否，會直接影響到教學的效果，所以學者指出：良好的問題是教學成功的基礎（Carner，1963；Hunkins，1968，1970，Taba，1964 ；張玉成，民 72，頁 13）。

（一）創造思考的發問技巧口訣：「假類比替除可想組六類」

1. 假如的問題：「假如家裡失火了，你怎麼辦？」
2. 列舉的問題：「茶杯有什麼用途？」
3. 比較的問題：「人腦和電腦有什麼不同？」
4. 替代的問題：「你今天很『高興』，你可以用什麼語詞來代替？」
5. 除了的問題：「學校除了教你讀書寫字之外，你還能學到什麼？」
6. 可能的問題：「如果地球沒有空氣，可能會發生什麼事？」
7. 想像的問題：「想想看，一百年後的台北市會變成什麼樣子呢？」
8. 組合的問題：給他幾個不同的字，讓他組成一個句子
9. 六W的問題：使用「為什麼？」「是什麼？」「在哪裡？」「誰」「什麼時候」
10. 類似的問題：例如「媽媽和警察有什麼相同的地方？」

（二）創造性問題之提出，候答與理答策略（張玉成，1983）

1.問題提出的技巧

（1）各類問題兼重

創造性問題雖具特質，但不能獨行其事，須以認知記憶性及批判性問題為件，建立基礎，產生準備作用。

（2）運用有序

各類問題提出之順序應注意其內容連續性。一般而言，創造性問題在其它各類問題之後，但批判性問題具彈性，有時須在創造性問題之後提出。

（3）注意語言品質

清晰和速度是兩個應重視的語言品質。發問口音不正、速度過快，學生不易瞭解和掌握題意，直接影響反應效果。

（4）多數參與

為達目的，一方面須把握先發問，後指名回答的原則；另方面則要善用高原式策略，所謂高原式策略：指教師提出一個問題，經由多人回答不同意見後， 再行提出深入一層的問題，如是循而進到某一預定目標為止。

2.候答技巧

（1）候答時間不宜過短

教師發問之後到指名回答，或教師再度開口說話的這段時間叫做候答時。學者指出，創造性問題內容之回答，需要時間醞釀與發展俟答時間過短，匆忙問難得理想之反應。一般認為，俟答時間不宜短於三秒鐘。

（2）不重述問題

教師複誦的習慣容易養成學生聽講不認真態度，並且浪費時間。

（3）指名普遍

具有創造性的回答內容往往不合教師期待，間接地會影響教師准許發言的機會。創造能力高的學生其學業成績未必好，所以在指名回答時，只求普通。

3.理答技巧

（1）減緩批判

羅吉斯呼籲提供心理安全與自由的環境，以利創造性思考之發展，發問過程中，教師和同學對回答內容所抱持的態度，及當時環境氣氛的重要決定因素，師生喜於批評則造成壓力，損害心理安全與自由，導致不願或不敢示意見的態度。反之，教師與同學能兼容並收，於他人表示意見之當時不輕予批評，甚或鼓勵暢其所言，則教室氣氛可呈現安全與自由，當有利學生創造性思考之發展。

（2）容多納異

見解觀念多而不凡，乃創造性思考特質之一，不幸，一般教師發問之後，所期許的答案，都是單一標準性質者，學生因而養成一問一答習性。創造性發問技巧，主張教師同學要能開放心扉，容多（多提意見）納異（接受不同意見）。

（3）探究匡補

舉例而言，教師問：「為防止眼睛近視須注意那些衛生習慣?」同學答：「不躺著看書」。教師續問：「還有其它意見嗎?」這是匡補技巧。當學生提出「不躺著看書」

三、運用創造思考遊戲的活動

羅素（Rob Russell）提供下列提昇創造力活動。（林寶貴著，1987.p361）

1. 儘量提出理由，為什麼……人要……？例如：穿衣服；甲愛乙，但和丙結婚；一個獵象人在森林裏遇到象，卻不射殺牠。
2. 如果是這樣，您會感受怎樣……？
3. 舉出所有成雙成動的事物。
4. 舉出所有硬的東西……；可變形的；有色的……白的；軟的；可吃的……
5. 舉出事物所有不尋常的用處…一根香蕉；一條皮帶；一扇窗子；及好點子。
6. 惡棍如何用一個吸塵器去搶劫銀行……你用一張紙盤子去阻止一樁搶劫？
7. 什麼數字……屬於您？為什麼？
8. 您如何改善一個……腳踏車；鞋子；滑冰鞋；外衣；電話……？
9. 一隻大象想做什麼？一位老師？一座學校？一隻蜘蛛嗎？
10. 給一個刺激的字，造一個不尋常的字。

11.給兩個不太相關的字提一個跟這兩個字都有關的字。

12.儘量舉出所有不可能的事。

13.給小孩看一張有情節的圖畫。

(1) 要他們對這張圖發出任何問題(回答問題時只限於圖面上能看到的事)。

(2) 要學生推論所有情節的結果。

(3) 要學生推論所有情節的原因。

14.如果……一個人可以隨意隱形，會變成怎樣？一個洞穿透地球會怎樣？我們如能聽得懂禽獸的語言會怎樣？一天變成二天會怎樣？一個人（或所有人）能長生不老會怎樣？影子忽然活了會怎樣？

15.給學生一個答案，要他們接著提出與這個回答的各種有關問題。

16.一條牛跳過月球會怎樣？

17.想像……硬的……紅的……雪……掉進一吋半的立方體裏……音樂演奏。

18.想像一隻動物，指出牠的特徵；和另外兩個學生造一隻合成動物，有您們想像動物的特徵。（給牠畫一張圖取個名字，寫段故事說明為什麼您的動物沒在方舟上被做出來）。

19.完成下列的圖形如 v 您能畫成什麼？

四、創造思考教學技法

（一）腦力激盪法（Brainstorming）

「腦力激盪」（Brainstorming），是利用集體思考的方式，使思考相互激盪，發生連鎖反應，以引導創造性思考的方法。

1. 腦力激盪（BS）的基本原則

(1) 不做任何有關優缺點的評價。

(2) 歡迎自由聯想，但要自我控制，不說廢話。

(3) 點子越多越好。

(4) 鼓勵巧妙地利用並改善他人的構想。

2. 腦力激盪（BS）的步驟

(1) 選擇及說明問題

(2) 說明必須遵守的規則

(3) 組織並激發團體的氣氛

(4) 主持討論會議

(5) 記錄大家所提出來的意見或觀念

(6) 共同定標準並評估，以選取最好的意見

「腦力激盪」也可用 635 默寫式，635 法是指有「6」位參加者，各提出「3」個設想並在「5」分鐘內完成之方法。

（二）希望點列舉法

這是一種不斷的提出「希望」、「怎樣才能更好」等等的理想和願望，進而探求解決問題和改善對策的技法。意即通過提出對該問題的事物的希望或理想，使問題和事物的本來目的聚合成焦點來加以考慮的技法。步驟：

(1) 決定主題

(2) 列舉主題的希望點

(3) 選出所列舉的主要希望點

(4) 根據選出的希望點來考慮改善方法

（三）形態分析法——探求一切可能的組合方法

「形態分析法」是把需要解決的問題，當作幾個獨立的構成要素組合而成的，並且用圖解方式來表示。這些構成要素稱為「獨立變項」（independent variables），分別成為形態圖表的軸心，如果有 N 個獨立變項，就可以構成 N 維的圖表。也就是說，以結構的分析為基礎，再使用組合技術，來產生更多的新觀念。步驟：

(1) 用詳盡而且通俗易懂的形式，正確記述需要解決的問題

(2) 列舉有關解決問題的獨立變項，並下定義

(3) 繪製形態圖。包含解決問題的所有對策的多維矩陣

(4) 將所有變項相互結合，形成許多新觀念。呼應目標，進入分析和評價階段

(5) 選擇最佳解決方案

（四）檢核表法（Check List Method）

檢核表法是指在考慮某一個問題時，先製成一覽表對每個項目逐一進行檢查，以避免遺漏要點，獲得觀念的方法，可用來訓練學生思考周密，避免考慮問題有所遺漏。Eberle（1971, 1982）提出「奔馳」（SCAMPER）的設計表格，可供檢核表使用；這種設計主要藉由幾個字的代號，來幫助我們瞭解並實際運用。我們可用「代合調改用消排」單字代表，以利記憶。

1. 取代（Substituted, S）

何者可被「取代」？誰可代替？有沒有其他材料程序、地點可代替？

2. 結合（Combined, C）

何者可與其「結合」？結合觀念、意見？結合目的構想、方法？

3. 調整（Adapt, A）

是否能「調整」？有什麼事物與此調整？有沒有不協調的地方？過去有類似的提議嗎？

4. 修改（Modify, M）

可否「修改」？改變意義、顏色、聲音、形式？可否擴大？加時間？較大、更強、更高？

5. 使用（Put to other uses, P）

利用其他方面？使用新方法？其他新用途？其他場合使用？

6. 取消（Eliminate, E）

是否「取消」？有沒有可以排除、省略或消除之處？是否詳述細節，使其因而更完美、更精緻呢？

7. 重新安排（Rearrange, R）

有沒有可以旋轉、翻轉或置於相對地位之處？怎樣改變事物的順序？或重組計劃、交換組件？（陳龍安，1991）

（五）屬性列舉法（Attributive Listing Technique）

屬性列舉法是一種掌握問題所而的分析技術。其要點在於「如果問題區分得越小，就越容易得出設想」以及「各種事物都有其屬性」。步驟：以「鉛筆盒的改進」當主題為例：首先，把可以看作是鉛筆盒屬性的東西分別列出名詞的、形容詞的、及動詞的屬性三類，並以腦力激盪法的形式一一列舉出來。如果列舉的屬性已達到一定的數量，可從下列兩個方面進行整理：a.內容重複者歸為一類。b.相互矛盾的設想統一為其中的一種。將列出的事項，按名詞屬性、形容詞的屬性及動詞的屬性進行整理，並考慮有沒有遺漏的，如有新的要素要補充上去。按各個類別，利用項目中列舉的性質，或者把它們改變成其他的性質，以便尋求是否有更好的有關鉛筆盒的設想。如果針對各種屬性來進行考慮後，更進一步去設想，就可以設計出實用的新型的鉛筆盒了。

（六）分合法

分合法係一套團體問題解決的方法。其本義為「將原不相同，亦無關聯的元素加以整合」。分合法將過去所認為神秘的創造過程，用簡單的話歸納為兩種心理運作的歷程：1.使熟悉的事物變得新奇（由合而分）2.使新奇的事物變得熟悉（由分而合）所謂「使熟悉的事物變得新奇」，也就是熟悉的事物陌生化，此一歷程在使學生對某種熟悉的事物，用新穎而富有創意的觀點，去重新了解舊問題、舊事物、舊觀念，以產生學習的興趣。

分合法，主要是運用類推（analogies）和譬喻（metaphors）的技術來協助學生分析問題，並形成相異的觀點。「譬喻」在使事物之間，或事物教材之間形成「概念距離」（conceptual distance），以激發學生的「新思」。例如「如果教室像電影院」，提供新穎的譬喻架構，以新的途徑，去思考所熟悉的事物。相反地，我們也可以舊有的方式，去思索新的主題，例如，以人體去比擬交通運輸系統。譬喻的活動可將某種觀念，從熟悉的教材串連到新教材，或以新觀點，去分析熟悉的教材。透過此種「概念距離」的形成，學生能自由任意地思索其日常生活中的活動或經驗，發揮想像力及領悟力。四種類推的方法：

1. 狂想類推（fantacy analogy）

儘可能以不尋常的思路，去考慮或儘可能牽強附會

2. 直接類推（direct analogy）

這是將兩種不同的事物，彼此加以譬喻或類推，藉以觸類旁通，舉一反三。

3. 擬人類推（personal analogy）

其意為將事物「擬人化」或「人性化」，例如，行政組織的觀念，一個好的組織要像人的器官或細胞，各有所司，但每一器官或細胞都是健全的。

4. 符號類推（symbolic analogy）

這是運用符號象徵化的類推，例如：詩詞的表達，利用一些字詞，可以引伸或解析某一較高層次的意境，或觀念。

（七）心智圖法（Mindmap）

是一種以擴散思考的方式組織不同的想法、觀念，激盪創意、改善記憶力和想像力的心智繪圖技術。（羅玲妃譯，1997）作法：（1）空白紙一張（2）白紙平放在桌上（3）在紙中央寫或畫上主題（4）用彩色圖形表示主題（5）主要的議題像書的章節樣圍繞在主題周圍（6）主題擴散到分支像標題（7）由主支衍生出第二階層想法線條較細（8）其他想法出現時加在第三四層用圖樣符號或代表關鍵字（9）在文字或圖像上加上立體框框以顯出重點（10）有關聯的想法可用彩色線條圍繞或符號箭頭表示（11）讓心智圖美化（12）開心玩。

（八）討論法

1. 三三兩兩討論法

每二人或三人自由組成一組，不能少於兩人，也不能多於三人，彼此分享、討論……三分鐘後再跟大家報告。時間到，請舉手推薦對方發表。被推薦人請先謝謝推薦人再報告。

2. 六六討論法

六人一組，只進行 6 分鐘的小組討論，每人一分鐘。其方法與程序為：

(1) 決定主題

(2) 推選一位主席、一位計時員、一位記錄

(3) 每人輪流發言一分鐘未到不可停止發言；一分到還沒有講完，計時員應要求立即停止發言

(4) 推派一位發言代表回到大團體分享成果

3. 七何檢討法（5W2H 檢討法）

這是一種對現有的辦法或產品，從七個問題來重新檢討的思考策略。這六個問題是：

(1) 為何（Why）

(2) 何事（What）

(3) 何人（Who）

(4) 何時（When）

(5) 何地（Where）

(6) 如何（How）

(7) 何價（How Much）

伍、結語

創意教學從（問 ASK）開始，教師安排問題情境或提出創造思考問題，鼓勵學生質疑好奇，打破沙鍋問到底，不到黃河心不死，而問 ASK 是由 Attitude、 Strategy、Knowledge 所組成：

1. 創意教學教師的態度（Attitude）很重要，態度含有三個因素：情緒的或情感的、理智的和行動的態度，創意教師的態度強調 PEC（Positive、Enthusiastic、Confident）積極、熱情與信心。
2. 創意教學需要策略技法（Strategies & Skills），創意教師要懂得用工具方法。創意教學就是教師在各科教學中運用創造思考的策略以啟發學生的創造力的一種教學模式。
3. 創意教學不是無中生有要有先備的知識（Knowledge），內容和程序知識。所謂內容知識即是創意解決該問題所需的概念和原則等等的內容，即英文裡的「Know-ing what」，而程序知識則是解決問題所需的策略，即所謂「Knowing How」。創意教師要具備十字知識即專門而廣泛的知識。

參考文獻

毛連塭（1987）。資優教育教學模式。台北市：心理。

毛連塭（1989）。實施創造性思考教育的參考架構。創造思考教育，1，2- 9。

林妙玲（2005）。創造力訓練方案對企業人士提昇創造力成效之研究。實踐大學企業創新發展研究所（未出版）。

林廷華（1995）。創造性問題解決教學方案對幼兒創造力、問題解決能力之影響。文化大學兒童福利學系（未出版）。

林寶貴等（譯）（1987）。啟迪資優。台北市：巨流。

林怡孜(2005)。應用 atde 式教學法與 web surfing 於初等程式設計ー方法、成效與評估。中原大學資訊工程研究所（未出版）。

張玉成（1983）。教師發問技巧及其對學生創造思考能力影之研究。台北市：教育部教育計畫小組。

張巧燕（2006）。團隊遊戲教學方案對幼兒創造力影響之研究。台北市立教育大學特教系碩士班（未出版）。

張蕙芬（2009）。語文創造思考教學方案對幼兒創造力與基本學習能力影響之研究。實踐大學家庭研究與兒童發展研究所碩士學位論文(未出版)。

張耀宗（2006）。於 atde 式教學法加入視覺化因素的探討 -方法、成效與評估。中原大學資訊工程研究所（未出版）。

陳明耀（2007）。體驗式創造力訓練方案之成效研究。實踐大學 企業創新發展研究所（未出版）。

陳欣蘭(2007)。“Atde” 創意思考教學模式對成人英語學習影響之研究。致遠管理學院學報，2（1），57-70 頁。

陳博鍊（2008）。『問想做評（atde）』團隊創造力訓練方案對企業人士訓練成效之研究。實踐大學 企業創新發展研究所（未出版）。

陳龍安（1983）。如何實施創造性教學。台北市立師專。

陳龍安（1984）。基爾福特創造性教學的策略。國教月刊，31（3、4），7-18。

陳龍安（1984）。創造思考教學對國小資優班與業通學生創造思考能力之影響。師大輔導研究所碩士論文。

陳龍安（1984）。創造思考教學的模式。台北市華江國小（編），教師研究專輯（1-13）。

陳龍安（1989）。智能結構模式的發問技巧。資優教育季刊，29，7-14。

陳龍安（1989）。「問想做評」創造思考教學模式的建立與驗證。國立臺灣師範大學教育研究所博士論文（未出版）。

陳龍安（2006）。創造思考教學的理論與實際（第六版版）。台北市：心理。

曾子瑛（2009）。繪本創造思考教學方案對國小資優生創造力之影響 。臺北市立教育大學特殊教育學系碩士班資賦優異組（未出版）。

黃雅卿（2006）。國中地理科心智繪圖教學方案對學生創造力、學業成就表現、學習歷程之成效研究 。臺灣師範大學創造力發展碩士在職專班（未出版）。

楊舒百（2006）。語文概念構圖教學方案對國小學生創造力及學習成效之影響 。國立臺灣師範大學創造力發展碩士在職專班（未出版）。

楊懿純（2006）。繪本曼陀羅創造思考教學方案對幼兒創造力之影響。國立臺灣師範大學創造力發展碩士在職專班（未出版）。

蔡宜穎（2007）。科學遊戲教學方案對幼兒創造力影響之研究。樹德科技大學幼兒保育學系（未出版）。

錢秀梅（2001）。心智圖法教學方案對身心障礙資源班學生創造力影響之研究。國立師範學院特殊教育學系碩士班（未出版）。

錢劍秋（2009）。「問想做評（ATDE）」藝術與人文創造思考教學方案成效之研究。華梵大學工業設計研究所美術組碩士論文（未出版）。

謝文慧（2005）。『問想做評（atde）』創造思考教學訓練方案對幼稚園教師創造力影響之研究。實踐大學家庭研究與兒童發展研究（未出版）。

謝怡君（2008）。3q 創意教學方案成效之研究。臺北市立教育大學特殊教育學系碩士班（未出版）。

蘇筑筠（2007）。創造思考教學方案對高職生創造思考能力與創意氛圍之影響。國立臺灣科技大學技術及職業教育研究所（未出版）。

蘇靜怡（2007）。英語創造思考教學方案對國中學生創造力、學習態度及學業成就之影響。國立臺灣師範大學創造力發展碩士在職專班（未出版）。

Carner, R. L. (1963). Levels of questioning. Education, 83(9), 546-550.

Davis, G. A. (1986). Creativity is forever. Dubuque, IW: Kendall/Hunt.

Guilford, J. P. (1967). The nature of human intelligence. New York: McGraw-Hill.

Guilford, J. P. (1977). Way beyond the IQ. Buffalo, NY: Creative Education Foundation.

Hunkins, F. P. (1968). The influence of analysis and evaluation questions on achievement in sixth grade social studies. Educational Leadingship , 25, 326-332.

Hunkins, F. P. (1970). Analysis and education question: Their effects upon critical thinking. Educational Leadingship , 27, 697- 705.

Joyce, B., & Weil, M. (1980). Models of teaching. (2nd ed.)Englewood Cliffs,NJ: rentice-Hall.

Maker, C. J. (1982). Curriculum development for the gifted. Rockville, MD: Aspen Systems Corporation.

Osborn, A. F. (1963). Applied imagination (3rd ed.). New York: Scribner.

Parnes, S. J., Noller, R. B., & Biondi, A. M. (Eds.) (1977). Guide to creative action. New York: Scribners.

Taylor, C. W. (1968). The multiple talent approach. The Instructor, 77, 27; 142; 144; 146.

Taba, H. et al. (1964). Thinking in elementary school children. (Cooperative research projectreport No. 2574). Washington: U.S. Office of Education.

Williams, F. E. (1970). Classroom ideas for encouraging thinking and feeling. (2nd ed.) New York: D.O.K.

請參考陳龍安創意工作室網站 http://3q.club.tw

多元智能取向幼兒園創新教學

The Innovative Instruction of Multiple IntelligencesApproach in Kindergarten

鄭博真　Jeng Bor-Jen
中華醫事科技大學幼兒保育系副教授
Associate Professor, Department of Early Childhood Caring and Education,
Chung Hwa University of Medical Technology

壹、緒言

台灣的幼兒園教育一直存在一些問題，尤其在課程與教學方面。簡楚瑛、廖鳳瑞、林佩蓉（1996）研究指出：幼兒教師在課程設計與教材內容過度依賴現成教材，未能依自己園所幼兒調整編製適宜的課程內容；課程教材過度智識取向，未能以幼兒整體身心發展為考量；普遍施行才藝教學，導致課程結構分科化；盲目套用國外課程模式，忽略園所在區域及本身的特色；教學團體化、一元化，無法顧及不同程度幼兒學習的差異。戴文青（2005）提出台灣幼教生態普遍存在課程規劃商業導向；學習領域偏狹零碎，悖離幼兒發展本質與生活經驗；學習內容脫離本土社會文化脈絡；教師課程規劃失去自主權，過分依賴坊間出版教材等問題。周淑惠（2006）也指出台灣幼稚園課程與教學的四項特徵是：分科課程與才藝教學當道；教師過分依賴坊間出版教材；教師教學開放性不足；園所及家長對美語教學與全美語的迷失。

1983 年哈佛大學 Gardner 教授提出了多元智能理論，挑戰傳統狹隘的單一智力觀點。他從智能多元性與獨特性的觀點，提出以個別為中心的教育方式（individual-centered education），強調教師要掌握個別學生的最新智能輪廓，作為決定課程、教學與評量的依據，並且要教導學生真正理解所學的知識和技能（1999a）。多元智能理論主張個別中心的課程、促進理解的多元途徑、智能公平及脈絡化評量，以及學徒制和博物館模式（Gardner, 1993, 1999a）。世界許多先進國家紛紛引用多元智能理論作為學校教育革新的根據。

從多元智能理論檢視前述問題，反映出台灣幼兒園教育嚴重悖離了多元智能理論的教育理念，忽略了孩子智能的多元性及獨特性，阻礙了孩子多元潛能的發展，漠視了孩子全人整體的發展。也反映出台灣家長和幼兒園對於孩子不適切的教育期望與教育方式，未能符應幼兒的發展與學習特性和個別差異，及生活經驗和文化背景（鄭博真，2006）。近幾年來台灣幼兒教育界也開始應用多元智能理論，有些幼教社根據多元智能理論編寫幼兒園教材套；在網路上可以查到不計其數標榜使用多元智能的幼兒園所；許多學者紛紛進行相關的研究，為台灣幼兒園教育創新注入了新契機。筆者這些年來也和幼兒園合作運用多元智能理論進行課程與教學創新。本文首先簡要介紹多元智能理論的教育理念，接著探討運用多元智能理論創新幼兒園教學的可行作法，最後以和筆者協同研究的親親幼兒園為例，探討運用多元智能創新教學的實踐歷程及成果，提供有興趣的幼兒園參考。

貳、多元智能理論的教育理念

Gardner 提出多元智能理論以來，在教育實務上一直不斷被應用試驗，他也提出對教育的重要觀點和主張，包括個別式教育、個別中心課程、促進理解的多元途徑，以及智能公平評量等獨特的見解，茲說明如下：

一、教育目的及方法觀——主張理解的教育目的及個別式教育

多元智能理論主張教育的目的在「理解」所學的知識和技巧，並能應用所學到新情境。又根據智能多元性和獨特性所產生的個別差異觀點，多元智能理論主張「個別式教育」。這種教育強調教師要了解個別學生的心智、長處、興趣和經驗等，以確保在學生最新的學習及發展上做最好的教育決定。這是一種重視個別差異的教育，盡可能提

供不同心智能力的學生都能接受一樣好的教育（Gardner, 1999a, 1999b）。

二、學生及教師觀
——重視學生的獨特智能結構與教師的中介角色

多元智能理論強調每位學生都擁有獨特的智能結構，在八大智能的發展優勢和弱勢也不盡相同，也有不同的組合運作方式，所以每位學生的學習方式也有所不同。每位學生都擁有優勢智能，都能夠用自己的方式學習（Blythe & Gardner, 1995）。有技巧的教師可以為相同一個概念打開不同的學習途徑，而有效能的教師就如同「學生和課程間的經紀人」，會經常注意有助於傳遞相關學習內容的輔助器材，如圖書、影片、電腦軟體等，盡可能以符合每位學生的學習風格和優勢智能選擇有效的方式（Gardner, 1993）。採用多元智能取向教學，使教師的專業角色從傳統的資訊傳播者，轉變成為觀察者、協助者、資源提供者、學習促進者（鄭博真，2002，2009）。

三、課程觀——強調個別中心課程

多元智能理論倡導個別中心的課程（Gardner, 1987），這種課程觀強調學校需要針對學生的個別需求，提供適性的教育選擇。多元智能理論呼籲擴展學校的課程，提供各種廣泛的學習活動和材料，以發展學生全部的智能（White, Blythe, & Gardner, 1995）。在課程範圍方面，除了大多數學校重視的語文和邏輯數學智能以外，還應該包括培育學生其它方面的能力和才能。在課程設計方面，最好的課程設計方式，是將各種多樣的教學方法結合運用，擴大課程範圍，以納入更廣泛、更多元的學科（李平譯，2000），使學生獲得更完整的學習，促進所有智能的全面提升。在課程模式方面，Gardner（1993）特別推崇博物館和學徒制。

四、教學觀——倡導多元的教學與學習途徑

由於人類學習方式的高度個別化，有效教學的教師要先了解學生的心智特性，再根據學生的特質和教學內容，採取多元的切入點，如敘述的、量化的、邏輯的、基礎的/存在的、美學的、操作的、社會的等。並以多元方式呈現核心概念，使教學方法能與學生的智能特點相互配合。此外，除了發展學生的優勢智能，教師也要提昇他們的弱勢智能，幫助他們把優勢智能的特點遷移到其他學習領域之中。並且提供學生各種不同的表現機會，肯定不同的表現方式，讓學生能盡其所能展現出他們所理解的學習內容（Gardner, 1999a, 1999b）。

五、評量觀——主張智能公平及脈絡化評量

多元智能理論強調「智能公平」（intelligence-fair）的評量，允許學生使用智能中介的材料來解決問題或創作產品，探索特定智能的核心成分。另外，多元智能也主張「在脈絡中評量」（assessment in context），認為當人們投入有意義的活動，智能可以做出最佳的展現，評量應該包括該文化中熟悉的和有價值的任務，每種智能需要直接在它運作的脈絡中加以直接評估，而不是去脈絡化的標準化測驗問題（Hatch & Gardner, 1997）。

六、環境觀——強調學生為中心的開放學習環境

多元智能理論對於廣泛多樣化領域的肯定與重視，喚起了教師注重教學情境的改變。一般的教室強烈依賴語文和邏輯數學符號系統，但是我們無法只經由這兩種智能來發展其它的智能。對於獲得某個領域深度的知識，有關其程序、材料和問題等方面的操作練習是主要的（Blythe & Gardner, 1995）。多元智能理論轉變以教師為中心的傳統教學環境，成為以學生為中心，開放的、自由探索的學習環境（鄭博真，2002，2003a）。

參、運用多元智能創新幼兒園教學

1984 年 Gardner 本人帶領研究團隊，率先將多元智能理論應用在幼兒教育，進行一項長達十年的光譜計畫，發展出超越傳統的幼兒認知能力評量系統（葉嘉青譯，2002；梁雲霞譯，2002）。近二十年來，多元智能理論在幼兒教育革新的運用已經獲得廣泛的迴響。在國外及華人地區的台灣、大陸、香港及澳門，許多幼兒園運用多元智能理論作為幼兒教育創新的基礎。

一、教育理念的創新

以多元智能理論為基礎，確立了幼兒教育創新的六項新理念（李香月，2005）提出：

（一）樹立智能平等的兒童觀

孩子具有各自的智能特點，不同的學習方式和發展方向。教師要真正做到平等對待每位孩子，運用適宜的方法開發幼兒潛能。

（二）確立促進幼兒持續發展的教育價值觀

多元智能理論強調問題解決和創造能力，教育開發幼兒實踐能力與創新精神具備了可持續發展的價值。

（三）樹立強調整體化與個性化相結合的兒童發展觀

多元智能理論提出人類至少具有八種智能，強弱各有不同，使教育有利培養完整且富有個性的孩子。

（四）樹立全方位的教育整合觀

教育以開發孩子綜合潛能為目標。內容豐富性和方法多樣性，將能提供幼兒運用自己的方式主動建構知識、經驗和能力。

（五）樹立適宜的因材施教觀

個體間存在智能的差異，教師要盡可能運用靈活多樣的方式，引導不同幼兒潛能的開發。又個體內智能有相對的強弱，教師應該通過觀察，瞭解每位幼兒的智能特點，確定其最佳教育切入點及課程方案。

（六）樹立科學的評量觀

評量應該關注幼兒的學習變化和成長歷程；注重對個別幼兒的評量，以作為因材施教的依據；幼兒評量應該是多元的，以促進幼兒潛能得到整體的充分發展。評量應該在真實情境中進行。

（七）樹立正確的教師觀

教師應該扮演好觀察者、研究者、啟發者及支持者的角色。

二、課程設計的創新

運用多元智能的幼兒園可以將多元智能與現有幼教課程模式相互結合，擴展孩子的學習範圍和機會，讓孩子從中發現自己的優勢或專長，建立自信心。多元智能理論在幼兒課程的運用，包括主題課程、方案課程、幼兒科學、遊戲、繪本、學習中心等（張國祥，2003a，2003b；鄭博真、林乃馨，2003；賴羿蓉、王為國，2005；Hirsh, 2004）。茲以主題課程和方案課程為例介紹如下（鄭博真，2009）。

（一）多元智能取向主題課程

Fogarty 和 Stoehr（1995）提出統整主題的課程很容易結合統整多元智能的教學與評量，當統整課程模式和多元智能模式結合，則產生統整的學習。教師可以應用八大智能作為教與學的途徑，從一個主題發展出不同智能的學習活動，讓學生透過不同的智能方式來學習。例如，以「逛街」為主題，可能設計的活動有語文智能：閱讀逛街的繪本、認識商店招牌的文字；邏輯數學智能：物品數與量的配對、購買東西錢幣的使用；肢體動覺智能：角色扮演逛街活動；視覺空間智能：畫逛街所見的景物；音樂智能：學唱有關蔬菜或水果的歌曲；自然觀察者智能：蔬菜或水果的認識與分類；人際智能：將教室布置成商店街進行買賣；內省智能：分享逛街的經驗與心情。鄭博真、林乃馨（2003）提出多元智能取向主題課程的實施流程包括：選擇主題、設計學習活動、擬定學習目標、準備教材資源、安排教學流程、決定教學評量、實施教學，以及評鑑教學等。

（二）多元智能取向方案課程

方案取向課程是指針對某一個值得學習的主題進行深入的探究，焦點在於尋找相關問題的解答，這些問題有可能是兒童、教師或雙方共同提出的問題（Katz, 1994）。多元智能統整方案課程可以讓學生根據自己的智能長處，選擇以各種不同的方式來探究問題，及展現自己學習的結果，使得教室教學更有創意，教室內使用的訊息可以延伸到真實生活世界的經驗，也可以將真實世界的經驗帶到教室來，並發展學生的批判思考、創意思考和社會技巧

（Chapman & Freeman, 1996）。Hirsh（2004）提出方案課程實施流程大致可分為開始、發展、結束三個階段。在發展階段，孩子選擇透過許多不同智能的方式進行深入探索，在結束階段，孩子可能透過優勢智能和興趣表達對主題的理解。

三、教學方法的創新

運用多元智能理論的幼兒園教學創新，可以使用多元智能作為課程內容的多元切入點，以及核心概念的多元表徵形式（鄭博真，2009）。

（一）多元切入點的應用

不同的課程單元可以有不同的切入點，任何一個切入點都可以讓學習者學習學科的知識、概念及技巧。使用多元切入點，讓學生獲得對同一主題的不同見解。藉由許多不同的見解，可以深化學生的理解，將主題知識遷移到不同情境當中（林心茹譯，2005）。Hirsh（2004）提出任何內容領域，科學、數學和閱讀等，可以從多元的切入點來接觸。以這種方式接觸內容，鼓勵孩子利用他們的優勢智能來探求未知的概念。表 1 列舉教師可以透過各種主要切入點，讓學生接觸語文學習內容。

表 1　透過各種主要切入點學習語文一覽表

語文概念	主要切入點	活動／經驗
故事理解	操作的	角色扮演 布偶
	美學的（音樂）	以歌曲的形式重述故事、 使用樂器傳達故事中描繪的不同情緒
	敘述的	故事板 縮小的人物遊戲
	社會的	讓孩子重述故事，以主要角色替代他們自己 故事理解遊戲 讓一組孩子重述故事，每位只說一部分
	邏輯的	重述故事，改變一個事件。讓孩子確認被改變的事件

引自 Hirsh（2004）, p.258

（二）多元智能作為教學策略

多元智能代表多元表徵的形式，因此可以應用多元智能作為教學策略，來設計多樣化的教學活動。茲列舉幼兒園適用的多元智能教學策略以供參考（詳參黃娟娟，2003；鄭博真，2005）：

1.語文智能

討論、提出疑問或建議、發表意見、聆聽他人發表、訪談、創作兒歌、語詞接龍、說故事、看圖說話、改編故事、閱讀文本或討論紀錄。

2.邏輯數學智能

找出類型和關係將物品或事件分類、激發問題解決思考、練習解決問題、學習運用歸納推理和邏輯思考、依事件順序做紀錄或進行工作。

3.視覺空間智能

運用多媒體刺激、運用圖畫或塗鴉表達想法和經驗、嘗試使用不同素材進行創作、將藝術整合於學習中、用顏色區別或強化線索。

4.肢體動覺智能

運用戲劇或角色扮演進行學習、實地參觀及體驗、運用肢體表現想法與感受、體能遊戲或活動、透過手工藝、模型等。

5.音樂智能

運用歌唱學習或表達、學唱兒歌、用樂器拍打節奏、樂器表演、欣賞錄音帶、將概念音樂化、隨著音樂表現肢體動作、分辨不同的樂器及聲音。

6.自然觀察者智能

觀察並分辨動植物特徵、飼養動物並觀察記錄、栽種植物並觀察記錄、觀察比較自然現象和自然界事物、認識動物的習性。

7.人際智能

互助合作、與人分享、激發同理心、團隊進行學習活動、善用溝通技巧、對他人表達愛與關心、角色戲劇扮演、合作完成任務。

8.內省智能

提供個人的選擇機會與獨自工作空間、引導自我反省、協助擬定自我計畫、自我情緒的表達、引導自我了解、自我情緒了解與管理。

四、學習評量的創新

運用多元智能的幼兒園評量創新包括：以八大智能核心能力作為幼兒評量的參考、多元智能作為評量的方式，以及多元智能與其它評量方式的結合（詳參鄭博真，2008）。

（一）幼兒多元智能的核心能力

智能的核心能力是將多元智能與課程整合起來的關鍵。教師在設計課程時可以將核心能力轉化成學習目標，而教師對於學生每項核心能力表現水準的評估，又可作為設計學習活動的依據。國外學者 Hirsh（2004）提出詳細的幼兒八大智能核心能力可供我們參考。

（二）多元智能的評量方式

Lazear（1999）提出智能本位評量，強調每一個測驗本身應該用其所要測量的智能特有的語言、媒介或符號系統來呈現。因此，八大智能可以作為評量的八種管道。幼兒園需要提供學生機會使用多元智能的方式，來展現他們的知識和所學。教師必須擴展評量的基礎，使其包含所有的智能，以對真正的學習與理解有更適切的看法。

（三）多元智能與其它評量方式結合

結合多元智能與幼兒評量，必須採用符合幼兒發展的評量方法，如真實評量、表現評量或檔案評量。褚淑純（2005）、賴羿蓉（2006）曾探討幼兒園多元智能與檔案評量的結合。採用多元智能取向評量策略，允許學生自己選擇擅長的方式展現對所學習概念的理解，讓學生能使用優勢智能來解決問題或創作作品，藉此瞭解孩子的智能輪廓，以作為設計課程與教學的基礎，如此將使課程、教學與評量真正的緊密結合，而且不斷循環進行，達到深度的學習（鄭博真，2009）。

五、環境資源的創新

運用多元智能在幼兒園環境與資源創新，需要思考如何透過多元智能途徑，規畫多樣化的教室環境，提供孩子各式各樣的學習經驗，以促進幼兒多元智能的發展。又從多元智能理論的觀點來看，不同的教學資源和媒體可以提供不同的學習管道，以利不同優勢智能學生的學習。因此，教師在實施教學時必須善用各式各樣媒體和資源，以提高教學效果（鄭博真，2008）。李海紅（2005）提出融入多元智能的媒體和資源設計，教師可以從兩個方向去考量：為了發展幼兒的某項智能，我應該使用哪種媒體和資源？各種媒體和資源與多元智能的對應關係如何？

肆、一所幼兒園的實踐經驗

以下的實例來自私立親親幼兒園，該園在園長推動下，運用多元智能理論發展本位課程創新教學，以提供幼兒統整學習，培育多元智能發展，其歷程主要包括準備工作、課程計畫、教學實施、學習評量，以及反省評鑑等（鄭博真，2009）。見圖 1。

一、運用多元智能創新教學的歷程

（一）在準備工作階段

親親幼兒園教師透過教學研討會，確定運用的範圍為主題課程與教學部分。園方辦理多元智能教育教師研習，充實教師的專業知能。透過學期初的親師座談會，向家長宣導多元智能教育理念，建立家長的共識與認同。園方提供教師相關的行政支持和教學資源。

（二）在課程計畫階段

教師們首先參考坊間教材，並考量幼兒的年齡、日常生活經驗、先備知識及興趣，共同選定主題。然後各自以九宮格的八大智能架構，構思主題教與學的活動。將多元智能核心能力轉化為活動學習目標。設計多元智能教學策略融入活動流程。規劃學習區及主題情境佈置，並蒐集可利用的教學資源。最後根據學習目標設計多元智能評量策略及多元智能主題進展評量單。

（三）在教學實施階段

參與教師逐漸運用多樣化教學型態，包括團體活動、分組活動、個別活動、闖關遊戲等。她們結合學習區與多元智能取向主題教學，提供幼兒更多自由選擇與自主學習的機會，以及更豐富的多元智能學習經驗。引導幼兒將團體討論內容繪製成經驗圖表，以協助幼兒統整回顧學習的結果，並藉此瞭解幼兒的學習進展。

為因應幼兒學習的能力、興趣及優弱勢智能表現，教師們會適度的調整課程內容及教學方式，使更符合幼兒發展與學習的需求。也尋求家長支援教學資源，以提供幼兒多樣化的學習材料及經驗。隨著主題的進行，教師逐漸充實學習區的學習資源，提供幼兒更多自主探索的學習機會，刺激多元智能的發展。利用幼兒及師生共同完成的作品佈置教室，營造多元豐富的學習情境，提供幼兒參與機會及激發創作動機。

（四）在學習評量階段

教師們逐漸採用多元化的評量方式和策略，評量學生平時的學習表現。大班教師自編觀察紀錄表，紀錄分析幼兒在學習區的多元智能表現。在每個主題教學結束，會使用多元智能主題進展評量單，以質量兼具的方式，為幼兒進行整個主題學習的總結性評量。

（五）在反省評鑑階段

教師們定期召開教學研討會，檢討與分享教學得失及疑難問題。她們也反省紀錄每項主題活動的教學情形及學生反應，並自我檢討提出改進作法。在每個主題教學結束後，則進行課程、教學及實施成效的自我評鑑。

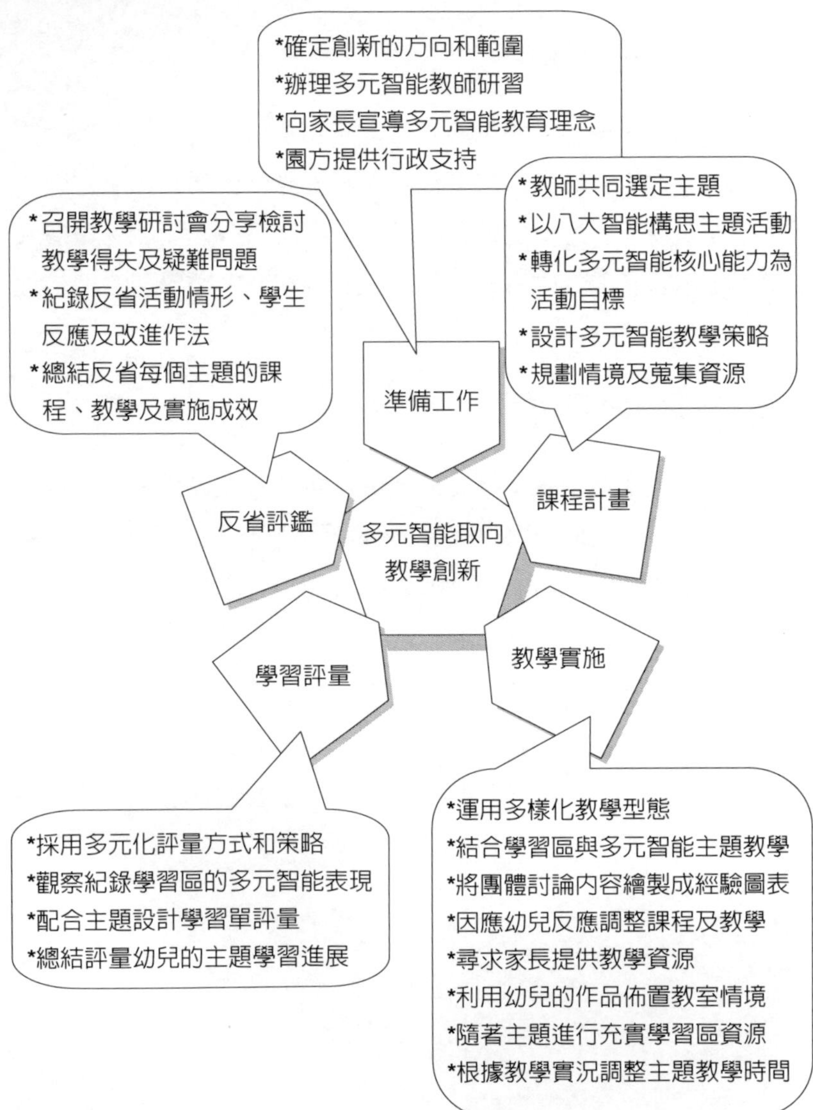

圖 1　多元智能取向幼兒園教學創新歷程

二、實施成果

經過一學年來實施多元智能取向創新教學，親親幼兒園獲得了一些初步的成果。

（一）教師的成長與轉變

實施多元智能取向課程與教學，使參與教師的角色從主導者轉變為觀察者、協助者、材料提供者、學習者等。教師對於學生的智能、學習和教學信念逐漸產生正向的改變。同時也增進對多元智能理論的理解，而且更瞭解幼兒的多元智能發展輪廓與學習傾向。在課程設計、教學實施、學習評量及教學省思等能力皆有所提升。

（二）學生的學習與改變

教師知覺學生變得更主動學習，參與活動更投入，學習動機和興趣提高，透過不同智能的學習方式，獲得對主題較為深入的理解。多數家長也知覺提高孩子在家裡的學習興趣；增進孩子在家裡更主動學習；讓孩子的學習更多樣活潑。

（三）幼兒園的協同與創新

親親幼兒園的教師之間逐漸從孤立走向合作，她們進行教學研討、分享經驗心得、共同腦力激盪解決難題，營造出專業合作的幼兒園文化。透過多元智能理論的運用，教師們逐漸擺脫對坊間套裝教材的過度依賴，而能因應孩子的反應、需求和興趣，去創新園所本位的多元智能取向主題課程與教學。

（四）家長的參與與肯定

大多數家長表示了解多元智能理論的教育精神及八項智能的意義。了解孩子在園所的主題活動學習情形，及孩子目前多元智能的發展情形。多數家長肯定此項課程與教學創新對孩子的助益及成效。所有家長均表示贊成園所繼續應用多元智能理論實施主題課程。

伍、結語

揆諸台灣近十年來幼兒園普遍存在的問題，似乎仍然一直存在著。多元智能理論啟發幼兒園教師要尊重孩子智能的個別性與獨特性；重視培育孩子智能的全面發展及學習的深度理解；提供廣泛多樣的學習活動和經驗；強調課程、教學與評量的結合；營造資源豐富的學習情境。多元智能理論爲幼兒教育創新確立新理念。多元智能可以和現有幼教課程模式相互結合，作為課程的切入點、重要概念的多元教與學策略。多元智能也可以作為評量的方式，與其它評量方法相互結合。從一所幼兒園的實踐經驗，告訴我們幼兒園運用多元智能創新教學，可以從準備工作、課程計畫、教學實施、學習評量、反省評鑑等歷程來努力，使幼兒園發展本位特色課程，教師獲得專業成長和角色轉變，學生更主動投入學習，家長共同參與孩子的教育。

參考文獻

李平譯，Armstrong, T. 原著（2004）。經營多元智慧：開啟以學生為中心的教學。台北：遠流。

李香月（2005）。在多元智能理論指導下的我園幼兒創新教育探索與實踐。2005 年 12 月 5 日，取自 http：//www.dyzn.cn/html/teaching/15394751585.shtml

李海紅（2005）。基于多元智能理論的幼兒園課程設計。河北大學教育技術學碩士論文，未出版，河北。

周淑惠（2006）。幼兒園課程與教學：探究取向之主題課程。台北：心理。

林心茹譯，Kornhaber, M., Fierros, E., & Veenma, S.原著（2000）。活用多元智慧-哈佛零方案多元智能研究成果。台北：遠流。

梁雲霞譯，Krechevsky, M. 原著（2002）。光譜計畫：幼兒教育評量手冊。台北：心理。

張國祥（2003a）。春風化雨：多元智能教育薈萃。香港：晶晶。

張國祥（2003b）。如沐春風：多元智能課程與教學設計。香港：晶晶。

黃娟娟（2003）。幼兒多元智能課程發展之行動研究。國立中正大學教育研究所碩士論文，未出版，嘉義縣。

葉嘉青譯，Chen, J. Q., Krechevsky, M., Viens, J., & Isberg, E. 原著（2002）。因材施教：多元智慧之光譜計畫的經驗。台北：心理。

褚淑純（2005）。幼兒學習檔案建構歷程分析：以一所多元智能幼稚園檔案評量為例。台北市立師範學院兒童發展研究所碩士論文，未出版，台北市。

鄭博真（2002）。多元智能理論的教學理念與應用。翰林文教，28，43-48。

鄭博真（2003）。多元智能理論及其在課程、教學與評量革新之應用。初等教育學報，16，111-142。

鄭博真、林乃馨（2003）。多元智能理論在幼兒教育的實踐。華醫學報，18，25-46。

鄭博真（2005）。幼兒教師運用多元智能進行圖畫書教學之研究。美和幼保學刊，3，57-80。

鄭博真（2006）。運用多元智能理論實踐幼兒適性教育：兼論對台灣幼教的展望。華醫學報，25，133-148。

鄭博真（2009）。幼兒園課程與教學創新－多元智能取向。台北：新文京。

賴羿蓉、王為國（2005）。幼兒科學課程設計：多元智能與學習環取向。台北：高等教育。

賴羿蓉（2006）。多元智能取向之歷程檔案評量在幼兒科學學習中的應用與分析。國家科學委員會專題研究計畫（NSC94-2511-S-274-001）。

簡楚瑛、廖鳳瑞、林佩蓉（1996）。當前幼兒教育問題與因應之道。台北：行政院教育改革審議委員會。

戴文青（2005）。從深層結構論台灣幼兒園教師專業認同轉化的可能性。南大學報，39（2），19-42。

Blythe, T. & Gardner, H. (1995). A school for all intelligence. In R. Fogarty & J. Bllanca (Eds.), Multiple Intelligences: A collection. Palatine, IL: IRI/Skylight .

Chapman, C. & Freeman, L. (1996). Multiple intelligences centers and projects. Palatine, Illinois:IRI/Skylight.

Fogarty, R. & Stoehr, J. (1995). Integrating curricula with multiple intelligence:Teams, themes, and threads. Arlington Heights, Illinois:IRI/Skylight training and publishing.

Gardner, H. (1983).Frames of mind: The theory of multiple intelligences. New York: Basic Books.

Gardner, H. (1987). “A individual-centered curriculum.” In The Schools We’ve Got, the Schools We Need. Washington, D. C.: Council of Chief State School Officers and the American Association of Teacher Education.

Gardner, H. (1993). Multiple intelligences: The theory in practice. New York: Basic Books.

Gardner, H. (1999a). Intelligence reframed: Multiple intelligences for the 21st century. New York: Basic Books.

Gardner, H. (1999b). The disciplined mind: What all students should understand. New York: Basic Books.

Hatch, T. & Gardner, H. (1997). If Binet had looked beyond the classroom: The assessment of multiple intelligences. In B. Torff (Ed.), Multiple intelligences and assessment: A collection of articles. (pp.5-26). Arlington Heights, IL: SkyLight Training and Publishing Inc.

Hirsh, R. A. (2004). Early childhood curriculum-Incorporating multiple intelligences, developmentally appropriate practice, and play. New York:Pearson Education.

Katz, L. G. (1994). The project approach. Champaign, IL:ERIC Clearinghouse on Elementary and Early Childhood Education.

Lazear, D. (1999b). Multiple intelligences approach to assessment. TA:Zephyr Press.

White, N., Blythe, T & Gardner, H. (1995). Multiple intelligences theory:Creating the thoughtful classroom. In R. Fogarty & J. Bellanca (Eds.), Multiple intelligences: A collection. (pp.180-193). Arlington Heights, Illinois:IRI/Skylight

建構主義取向幼兒數學與科學創新教學

潘世尊　副教授

壹、前言

教師在發展、設計與實施課程時，必須考量的一個要素是學習的歷程與學習者之特性；否則，恐將不易有效促使幼兒的心靈往較為正面的方向發展和成長。學習的歷程與學習者之特性，涉及的問題如個體是如何取得知識或發展出問題解決能力？個體所取得之知識或所發展出來之問題解決能力，有何特性？又它們必須經過什麼樣的過程，才會往較深、較精緻或較深的層次發展？針對這些問題，「建構主義」（constructivism）提出強而有力的解釋，許多論者因而提出幼教實務工作者可參考建構主義的主張實施教學（廖信達，2002；簡淑真，1998）、或透過實際行動將建構主義落實於課程之中（張斯寧主編，2007；Forman & Hill, 1980; Kamii & Ewing,

1996）。國內，台中市愛彌兒幼教機構，可說是運用建構主義來發展、設計與實施課程的典範之一。

詳加分析，建構主義的本質就如同 Watts 與 Bentley（1991）所指出，只是一個包含不同領域理論成員，但卻共享某些主張的理論家族。在眾多的建構主義分枝或取向中，Piaget 的建構論與 Ernst von Glasersfeld 所提出的「根本建構主義」（radical constructivism）[1]、前蘇聯學者 Lev Semenovich Vygotsky 對「高層次心理能力」（higher mental functions）〔或「高層次心理歷程」（higher mental processes）〕發展之解釋，以及「情境認知」（situated cognition）或「情境學習」（situated learning）理論，於近年來對教學研究或教學實際產生重要

---

[1] radical constructivism，國內有人將它譯為「激進建構主義」（許良榮，1993）或「急進建構主義」（張世忠，2000：5），甯自強（1987）則將它譯為「根本建構主義」。依該理論的提出者——von Glasersfeld（1995）之說明：1970 年代初期，J. Piaget 的理論在美國相當流行，惟此時眾人探究的焦點在於他的建構論，而非先前已被強調過的「階段論」（stage theory）。然而，當時大部份的人雖沒深入釐清與察覺 Piaget 的知識論立場，卻仍聲稱本身是建構主義取向（即這些人的知識論其實和 Piaget 的主張有別，惟他們本身卻沒有察覺，因而仍聲稱自我的主張為建構主義取向）。對此情況，von Glasersfeld 於大學教導 Piaget 所提出之「起源性的認識論」時，會區別他的解釋和學生在不同地方所讀到的建構主義版本（即 Piaget 的建構論）之間的不同。學生於他處所接觸到的，von Glasersfeld 稱為「明顯建構主義」（trivial constructivism），意指個體會主動建構本身的概念結構之聲稱是很明顯的事實，不用多做解釋。對於他自身的觀點，von Glasersfeld 用 radical constructivism 來表示。radical 有根本與徹底之意，因此，radical constructivism 意指知識徹徹底底、根本就是由個體主動建構之後而產生，而非造物主所給定永恆不變之真理（是以若缺乏個體之建構，就沒有知識的存在）。以此觀之，若把 radical constructivism 譯成激進或急進建構主義，不但有貶抑之意、亦無法表達 von Glasersfeld 將自我的主張用 radical 來表達之本意。因此，譯為根本建構主義應較為恰當（潘世尊，2004，2005）。

影響（潘世尊，2005）。以下，先就這三種建構主義取向之內涵簡要加以析論，再配合台中市愛彌兒幼教機構於近年所發表《建構主義取向的幼兒課程與教學：以台中市愛彌兒幼兒園探究課程為例》（張斯寧主編，2007）一書中的課程實例，針對它們於幼兒數學與科學創新教學之應用加以闡述，以供幼教實務工作者參考。

貳、建構主義

不同學者之論述會被同樣歸為建構主義之一環，主要是因為這些論述都可抽取出如下之共同主張：個體須以心中已有的知識或問題解決能力為基礎，針對他所知覺到的外在環境或問題情境加以組織、詮釋與創造，方能取得進一步的知識或發展出進一步的問題解決能力，亦即知識與問題解決能力必須經由「建構」的歷程，方能取得和發展（潘世尊，2007a）。然而，不同學者之間，對於知識或問題解決能力的取得機制和歷程，以及個體所擁有之知識與問題解決能力的特性，卻有不同的解釋。

一、Piaget 的建構論與根本建構主義

Piaget 的建構論與 Von Glasersfeld（1984, 1989, 1990a, 1990b, 1990c, 1995）所倡導根本建構主義之要旨和精神，不但不會互相排斥、且有許多一致之處，因而可歸為同一取向。以下，先簡要闡述 Piaget 的建構論，再說明 Von Glasersfeld 的根本建構主義之內涵：

（一）Piaget 的建構論

個體何以能取得並發展其知識？又個體所擁有之知識有何特性？針對這些問題之探究，屬哲學「知識論」的範疇。與若干哲學家一樣，Piaget 對它們甚感興趣。而他在探究這些問題時，主要是採用「臨床晤談法」，且以自己的子女為研究對象（潘世尊、張斯寧，2007）。

依 Piaget（1971）之見，個體主要透過「經驗性的抽取」（empirical abstraction）與「反思性的抽取」（reflective abstraction）這兩種活動取得知識。人們所取得之知識，可分「物理性知識」（如黑色與黃色）、「邏輯－數學知識」（指經由邏輯推理與運作所得到之知識，如黃色比黑色亮、4 比 3 大，因 3 再多 1 是 4），以及「社會性知識」（如過年時會圍爐、發紅包）（潘世尊、張斯寧，2007）。這些知識，以各式各樣的「基模」（scheme）存於人們的腦海之中，且做為個體因應外在情境或問題之基礎。而當個體以基模為基礎來因應外在的環境時，首先會出現的因應方式，可稱為「同化」（assimilation）。所謂「同化」，乃個體將他本身所知覺到的情境或問題，視為與他先前經驗過的某個情境或問題相同、相似或具有相同之特徵，然後採行能於該情境或問題得到滿意結果之回應或行動（Von Glasersfeld, 1995）。因此，同化會導致「類化」的效果（即「視同」而「類化」），從而驅使個體從事某種目標導向的行動（潘世尊、張斯寧，2007）（如圖 1 所示）。

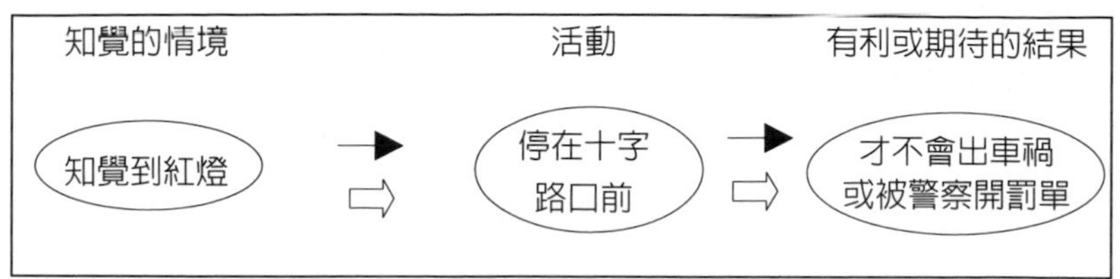

圖 1　行動基模組型與同化的歷程

資料來源：改編自潘世尊、張斯寧（2007）、Von Glasersfeld（1995：65）。

然而，個體因「視同」而自動或不自覺「類化」之行動，未必都會帶來預期中可得到滿意的結果，因他實際面臨的情境或問題之特性可能與先前的經驗不同，只是當事人本身沒有察覺而已。會這樣，乃因個體往往忽略新舊經驗不符合或不一致之處，並將新經驗視為和本身原已認識之事物相同、相似或具相同之特徵，從而讓個體的知覺受限，並因而產生有問題的回應或行動（潘世尊、張斯寧，2007）。而當個體由同化作用所驅使之行動沒有得到預期中滿意的結果時（即同化失敗），會因認知上的失去「平衡」（equilibration）而產生「困惑」（perturbation）的感受。此時，個體會試著藉由「調適」（accommodate）作用以去除困惑，進而重新取得平衡（Piaget, 1971）。

所謂調適，指個體調整本身腦海中的基模，以使其得以符合外在情境或問題之特性（即「調整」基模，以能重新「適應」外在情境或問題之要求）。個體對基模的調整，可能為「精鍊原有的基模」或「建立新基模」。透過這兩種調適作用，個體的知識得以不斷更新與發展（Von Glasersfeld, 1995）。依 Piaget（197）之見，最常引發調適作用的是人際間的社會互動，尤其是語言上的互動。另個體是否主動調整腦海中的基模，關鍵在他本身是否因認知失衡而感到困惑。易言之，即使從旁觀者的角度來看，個體在某種情境下的行動並不適當，但若個體本身沒有感到困惑，則亦不會主動進行調適。若是如此，外在環境（含人際間的社會互動）可說僅是促使個體感到困惑，進而主動調整其基模之被動因素。個體本身感到困惑與否，才是決定他是否會主動進行調適（即主動進行學習）的關鍵力量（潘世尊、張斯寧，2007）。

除了上述，透過調適作用，可讓個體建構出「能適應」之知識（即能符合他所面臨情境或問題特性與要求之回應）（Von Glasersfeld, 1995）。然而，「能適應」之知識，並非就是「實體」（reality）的複本、表徵或反映（即非永恆不變之真理或法則），因它未必能通過其他情境之要求、或未必符合其他情境之特性。

（二）Von Glasersfeld 的根本建構主義

Von Glasersfeld（1995）指出，根本建構主義的基本原則有二：（1）知識不能被動的接受，它是被認知主體所主動建造而來。（2）認知的功能是適應的，為的是要組織個體的經驗世界，而非發現「客觀的本體上的實體」（objective ontological reality）。依 Von Glasersfeld（1995）之見，知識是由個體主動建造而來乃顯而易明之事，勿須再做說明。因此，他將那些只同意第一個原則的建構主義取向稱為「明顯建構主義」（trivial constructivism）。在明顯建構主義之下，隱含著知識獨立存在於學習者之外，認知是一個「發現」（discover）外在客觀且永恆不變的知識之過程（意即即使個體未建構，其外在仍存在著客觀及永恆不變的「實體」，認知即發現此實體之過程）。相對於此，根本建構主義（即還接受第二個原則者），認為知識是個體在對外在環境適應的過程中，透過對本身經驗世界的組織、詮釋與創造，方才被建造出來。易言之，它認為知識僅存在於認知主體的心中，且認知的本質是一個「發明」（invent）或創造出能使個體適應環境的知識之歷程（潘世尊、張斯寧，2007；甯自強，1987；Driscoll, 1994）。而當個體的知識遭受挑戰、面臨無法適應新的情境特性之情況時，必須予以修正，方能重新達到適應的境地。透過修正的歷程，個體的知識會不斷發展和演進。此種歷程，一方面彰顯「適者生存，不適者淘汰」之現象（Barbara, 1994）；另一方面，則突顯個體（含任何個體）所建構能適應之知識，並非真理的表徵。

於此，值得提出的是 Von Glasersfeld（1995）用「能存活」（viable）這個概念取代 Piaget 所謂「能適應」的主張，因他發現「能適應」之用語常會被錯誤的詮釋為知識必須是「實用的」，因而借用「存活」（viability）這個生物學上的術語，做為檢測知識價值的規準。所謂「能存活」（viable）的知識，指能通過「邏輯一致性」及「經驗效度」檢測的知識：能通過「邏輯一致性」的檢測，指沒有矛盾存在；能符合經驗效度的要求，則意謂個體所建構之知識，能合理的解釋他所經驗到的現象、或能適切解決他所面臨之問題。當個體感知本身所建構的知識存有矛盾之處、且無法通過外在環境的考驗時（即無法存活時），就必須加以調整和修改。

除了上述，根本建構主義還有如下兩項重要主張：

首先，個體所建構的是獨一無二的主觀知識（潘世尊、張斯寧，2007；Von Glasersfeld, 1995）。之所以如此，乃因個體之知識建構是以他本身原有的知識為基礎（即知識是個體適應外在環境的工具），而由於每個人腦海中的知識都不相同，不同個體即使擁有相同的感官經驗，所建構出來的知識也不可能相同，更何況兩個不同個體之間，根本不可能「共享」相同的感官經驗（潘世尊，2003）。

其次，外在環境與人際互動於個體知識建構的過程中，扮演重要的角色。針對此點，Von Glasersfeld（1984）曾用鎖和鑰匙之間的關係來說明——外在環境是鎖、個人所建構的知識是鑰匙。更具體的說，個體所建構的知識（即鑰匙）必須通過鎖孔的限制，方能成功開鎖。因此，外在環境具有促使個體主動修正知識以及限制知識建構方向的作用。其中，又以人際間的社會互動最具影響力。然而即使如此，它仍僅是促使個體主動修改知識的被動因素。易言之，個體到底要不要修改或究竟要如何修改自我之知識，決定權仍在個體本身。另由於外在環境（尤其是人際間的社會互動）能促使個體修改其知識，並影響其知識建構之方向，從而使得不同個體間在不斷互動後，可能逐漸修改本身原先對經驗世界的詮釋，並使得彼此所建構之知識達到「能相容」的程度（即參與溝通者的心中「交互主觀」的同意他人對外在經驗世界所做的解釋，並認為他人所做的解釋和自我的解釋是相同的）。然而即使達此程度，亦非意謂參與溝通者之間心中的概念相同。因就如本文先前所述，不同個體所擁有之知識與感官經驗不會相同，從而使得彼此對外在世界所做的詮釋，不可能真的達到完全一致的地步（潘世尊，2003；潘世尊、張斯寧，2007；Von Glasersfeld, 1995）。

二、Vygotsky 對高層次心理能力發展之解釋

人，何以會發展出高層次的心理能力（如邏輯推理），是 Vygotsky 想要加以釐清之問題。在探究此一問題時，他以 Karl Marx（馬克斯）的理論和方法為基礎，從較為鉅觀之社會、文化及歷史的角度切入。由於如此，他的理論及方法被稱為「社會文化」（sociocultural）、「文化歷史」（culture historical）或「社會歷史」（sociohistorical）取向（潘世尊，2004）。以下，針對 Vygotsky 的重要主張加以闡述：

（一）人類整體與兒童高層次心理能力的發展

依 Vygotsky（1978, 1981）之見，人類之所以會超越動物的層次而發展出高層次的心理能力，乃因人類在和世界互動的過程中，創造了一些符號或是記號。這些符號或記號除為人類輔助記憶和溝通的工具，還讓人類的記憶與思考產生質變的歷程——即由自然的形式進展到「以符號為媒介」（或「以符號為中介」）（sign-mediated）的方式（Lee, 1985; Scribner, 1985）。而隨著人們與外在世界互動的逐漸增加與擴充，被創造出來的符號系統也就愈形複雜與多樣。相對的，當人們運用這些符號來記憶、思考與溝通之後，高層次的心理能力也就愈益發展。然而，不同的社會生活環境與歷史文化背景之下的人們，會發展出不同的符號系統。隨著符號系統的不同，以符號為媒介的心理運作歷程亦會跟著不同。因此，Vygotsky 認為若要瞭解人們高

層次的心理運作或歷程，必須從他們所置身之社會生活及歷史文化背景切入，才是較為適切的途徑（Cole, 1985）。而就是因為這樣，他的主張才會被稱為社會、文化、歷史取向（潘世尊，2004）。

然而，要說明的是在論及兒童高層次心理能力的發展時，Vygotsky（1978, 1981）認為它是生物的發展和社會歷史的發展這兩條路線交融在一起的結果。生物的發展是指個體在生理上（如身體、四肢、中樞神經系統）的成長和成熟，扮演調節個體初級心理能力（如知覺）的發展之角色。社會歷史的發展，則隨著個體在生理上的逐漸成長而展開，且發揮調節個體高層次心理能力發展之功能。隨著生理上的逐漸發展與成熟、並伴隨著與外在世界的互動，兒童將逐漸掌握他所生活的社會環境中的符號（如語言），並讓自我的發展由生物的層次進展到文化的層次。因此，生物的發展和社會歷史的發展融合形成「社會生物」（socio-biological）的發展路線，從而影響兒童高層次心理能力的發展（Lee, 1985; Scribner, 1985）。

（二）起源性的文化發展通則與內化

依 Vygotsky 之見，個體記憶與思考的媒介——符號，以及個體任何高層次的心理能力，都是起源於社會。就如他所指出的：「任何個體高層次的心理能力在發展的過程中，都必須經過外在的階段，因為它們都起源於外在社會的心理能力」、「任何高層次心理能力在成為內在的心理能力之前，都是外在的和社會的」（Vygotsky, 1981）。又如「任何高層次的心理能力都會出現兩次、或者說出現在兩個平面——首先，它出現在社會的平面，然後再出現在個體心理的平面」（Vygotsky, 1978）。分析上述見解，在每個個體所生存的社會文化環境之中，已存在著某些高層次的心理能力。這些能力是在歷史的進程之中，由使用同一種符號系統來調節思考和行為的社群，在和世界互動的過程中所形成。當個體承接已存於社會生活中的符號系統、且用以做為本身和世界互動的工具時，可能被引發（或發展）出來的心理歷程，已在此符號系統發展的過程中出現過。因此，個體任何高層次的心理歷程，以及個體用以調節思考和行為的所有符號系統（如語言、文字、數學符號、音符、交通號誌、肢體語言等），都是起源於外在的社會，透過「內化」(internalization)的歷程，才於個體內在心理形成（潘世尊，2004）。此種「源起於外，形成於內」的發展法則，Vygotsky（1978）稱為「起源性的文化發展通則」（genetic general law of cultural development）。

「起源性的文化發展通則」，說明個體內在的高層次心理歷程起源於社會，透過內化的歷程，再於個體的內在心理形成。由於如此，個體若要獲得高層次的心理能力，就必須與擁有相對應的符號及能力者互動，方有可能逐漸掌握這些符號，並形成與之相應的心理能力。而這也意謂內化並非將外在的高層次心理歷程，「轉移」到個體先前已存在的心理平面之歷程。再者，內化的產生必須以符號為媒介(或「中介」)，尤其是語言(Brown & Ferrara, 1985; Wertsch & Stone, 1985）。

（三）可能發展區

「可能發展區」（zone of proximal development）是指個體的「實際發展水準」（the level of actual development）與「潛在發展水準」（the level of potential development）之間的距離。實際發展

水準是指個體已獨立擁有之問題解決能力（如給予兒童一個問題，他能獨立的完成，則解決此一問題之能力為其實際發展水準）。潛在發展水準則是指個體在成人的引導或是和較有能力的同儕協同之下，能解決他無法單獨解決的問題，而解決該問題之能力即為其潛在發展水準（Vygotsky, 1978）。因此，實際發展水準所顯示出來的是兒童已經成熟、發展完成之能力，潛在發展水準則指兒童尚未成熟、尚在發展當中的能力。

可能發展區的概念，可說反映 Vygotsky 對「學習」與「發展」之間關係的看法——即學習必須引導或引出發展而不能老是跟在發展之後，但又必須奠基在現有的發展之上（潘世尊，2004）。如果學習無法引導或引出發展，則是無效果以及浪費時間的學習。但若走在發展之前的學習沒有奠基在現有的發展之上，則學生又不可能學會。

三、情境認知與情境學習理論

在論及個體知識的形成與發展之議題時，情境認知（或情境學習）理論同樣強調個體外在情境的重要性。

首先提出「情境學習」概念的是人類學家 Lucy Suchman，認知心理學者 John Selly Brown、Allan Collins 及 Paul Duguid 等人沿用其觀點（鄭晉昌，1993），認為知識是社會文化脈絡的產物，且存於情境、與該情境相對應的活動，以及從事這些活動的社群的心中（如製作麵包的知識存於麵包店、和製作麵包有關的種種活動，以及能製作麵包的師傅之身上）。因此，知識的獲得不能獨立於它所存在之情境及活動，且必須與擁有這些知識者互動。易言之，個體必須置身於知識所在的情境、從事知識所存之活動，且透過觀察、模仿及一連串的試驗、探索、操弄、反思及修正的歷程，才能逐漸取得知識（方吉正，2003；Brown, Collins & Duguid,1989; Lave & Wenger, 1991; Rogoff, 1995）。而若能如此，所取得的才不會是僵化而無法於實際生活情境應用之死知識（徐新逸，1995）。

除了上述，Brown 等人（1989）還把知識的取得歷程比喻成工具使用要領的掌握——當個體在不同的情境下使用工具時，新的情境會不斷構成挑戰，從而促使個體透過實際操作與修正的歷程，對工具的用途及使用要領有更深的認識。易言之，當個體在不同的情境中應用其知識，亦會從情境的回應與挑戰中不斷修正自我之知識，從而讓本身的知識不斷發展。

參、建構主義取向的幼兒數學創新教學

從 Vygotsky 與情境認知或情境學習理論的角度來看，當個體與外在環境完全隔絕而沒有接受到任何符號、沒有實際從事任何知識所依存之活動，以及沒有和任何擁有較高層次的知識及心理能力者互動時，將難以取得能於真實情境中應用的知識，以及難以發展出較高層次的心理能力。詳加分析，這樣子的觀點並沒有錯。然而，當個體從成人或較有能力同儕之處接受到某些符號、或從情境接受到某些訊息與回應之後，內在心理究竟是如何運作以發展出較高層次的心理能力與知識，對於理解「學習」的歷程而言，亦相當重要。就此方面，Piaget 的建構論與根本建構主義提出強而有力的解釋。

因此，若能結合這三者，吾人對於學習的歷程與結果之理解將會較為完整（潘世尊，2004）。再者，只要不堅持知識或高層次心理能力發展的關鍵機制究竟為何，教育工作者其實可以將它們的教育原則與策略兼融並用。

有鑑於此，筆者首先試著闡明以這三種建構主義取向為基礎之重要教學原則與策略，並據以析論潛隱於台中市愛彌兒幼教機構所發展「家人人數統計表」此一課程之中的教學意涵。希望藉此，能協助幼教實務工作者更加瞭解可如何運用建構主義取向的教學原則與策略，來創新自我之數學教學。

一、建構主義取向的教學原則與策略

詳加分析，本文先前所述三種建構主義取向之下較重要的教學原則與策略，大致可為：

（一）先讓幼兒思考、發現與解題，再視需要予以引導

許多教師在教學過程中，常會在提出問題後，接著教導幼兒解題的方式、或直接告知幼兒可往何種方向解題（如在提出「小明有6元，媽媽又給他5元，請問小明現在有幾元」之類的問題後，就接著要求小朋友用畫圓圈的方式解題）。

從Vygotsky（1978）的角度來看，這樣子的教學方式將對幼兒解題能力的發展造成限制。舉例來說，A、B兩名幼兒之實際與潛在發展水準皆相同，且同時分別面對甲、乙兩名教師所提「把15顆糖果平分給5人，每人可分得幾顆糖果」之問題。甲老師在提出上述

問題後，直接教導他用下圖 1 中的第 3 種方式解題，並實際示範解題方式。在他的教導與示範後，A 幼兒能運用相同方法解決類似問題。與此不同，乙老師讓 B 幼兒嘗試自行解題。經過一段時間的思考與摸索，B 幼兒自行想出圖 2 第 1 種解題方式，並成功解題。雖然，兩名幼兒最後都解題成功，惟若進一步分析，B 幼兒應發展出較高層次的問題解決能力，因為：第一，第 2 種解題方式較為精簡，且必須運用較高層次的運思方式。第二，對於被直接教導的 A 幼兒而言，他僅需要「理解」教師的講解與「模仿」教師的解題方式，就可以成功解題。至於 B 幼兒，則需主動分析問題的意義並找出解題線索，然後再發展可能的解決策略。伴隨此一過程，他所發展出來的心理能力自然較為複雜與高層。然而，若他亦接受直接教導的教學方式，則發展出來的能力可能與 A 幼兒一樣。反之，A 幼兒未必無法發展出 B 幼兒所發展出來之能力，只不過他的教師（甲老師）在佈題後就直接教導，而沒有給他這個機會。

(1) 5 和 5 合起來是 10、10 再和 5 合起來是 15，共加 3 次的 5，所以是 3 元。

(2) 15 扣掉 5 是 10、10 再扣掉 5 是 5、5 又再扣掉 5 就沒有，共扣掉 3 次的 5，所以是 3 元。

(3)
一、二、三、四、五　六、七、八、九、十　十一、十二、十三、十四、十五
○○○○○　○○○○○　○○○○○
一、二、三、四、五　一、二、三、四、五　一、二、三、四、五

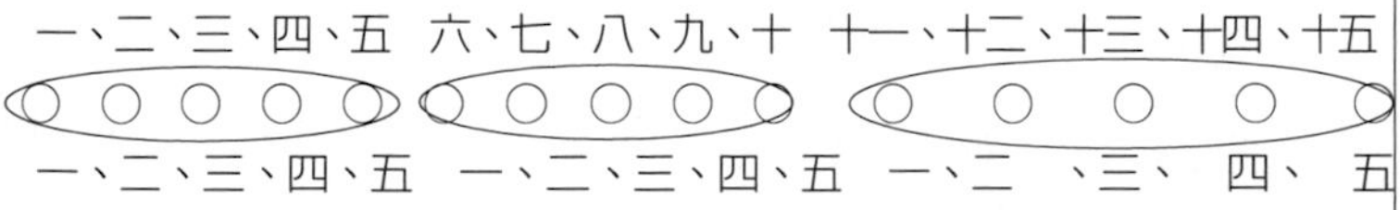

先邊畫圈邊數數，畫出 15 個圈，代表 15 元，再從 1 數到 5，然後把 5 個圓圈圈起來，代表分給 5 個人 1 人 1 元，之後，重複此種動作，直到把 15 元都分完。最後，數出分給 5 個人各 1 元的次數（分 3 次），所以是 3 元。

圖 2　兒童可能採行的解題方式

因此，教師在教學過程中，應先讓幼兒自行思考、發現與解題。若察覺幼兒真的無法成功解題時，才加以引導。易言之，若不用教，幼兒就可以想出問題解決之道，則教師為何要急著教？反之，若沒有教師的介入，則幼兒無法成功解題，則教師就可介入引導（潘世尊，2004，2005；Wertsch, 1984）。而當教師能不急著告知、講解與示範時，除將不會限制幼兒發展出較高層次的心理能力之機會，還可讓他們養成主動探索的態度與習慣，而不會只是等待教師給予可以模仿之解題方式。

（二）瞭解幼兒的基模、運思方式與實際發展水準，做為課程安排與教學之依據

教學要成功，首先必須知道學習者現有的能力在哪裡，以及他們擁有的知識和運思方式是什麼，教學內容的安排才會適當，也才能「對症下藥」的解決他們學習上的問題。而依 Piaget（1971）的建構論與 von Glasersfeld（1995）的根本建構主義，個體是以腦海中的基模（或概念結構）為基礎來因應外在世界。又從 Vygotsky（1978）的角度來看，學習者現有的能力為他們的實際發展水準。因此，教師必須適切掌握他們的基模、運思方式與實際發展水準。要做到這樣，必須從幼兒的角度出發思考他們到底是如何想以及為什麼會這樣想？過程中，最重要的關鍵是在和幼兒互動時，必須先放下本身的答案或解題想法、且把注意力放在幼兒身上（即「放空自己，用心觀照他人」，如仔細觀察幼兒的操作、或從幼兒的說明與動作中，推論他究竟是怎麼想的）。若能如此，所做的推論或臆測方可較為接近幼兒既有的能力及其概念和運思。

除了上述，教師還可參考下列原則（潘世尊，2003）：（1）讓幼兒透過討論、口頭發表或紙筆記錄等方式呈現自我之想法，再從中推論和臆測。（2）可以「在不疑處起疑」的態度，針對幼兒的口頭發表或動作操作，以「這是什麼」或「為什麼」之類的問題，引導幼兒深入呈現其想法。（3）不斷與幼兒互動、且從他們的口頭回應與動作操作中，逐步修正對他們的能力、基模及運思方式之瞭解。

（三）幼兒若無法想出問題解決途徑，可運用「由少到多、由抽象到具體的提供提示」之方式予以引導

教師給予幼兒自行思考、發現與解題之機會，才不會對他們的解題能力之發展造成限制。然而，幼兒未必可以想出問題解決之道。當教師察覺此點，可運用「由少到多、由抽象到具體的提供提示」之方式，予以引導。舉例來說：某名幼兒無法成功以手指頭為工具，解決教師所提出「7 顆糖果和 5 顆糖果，合起來有幾顆糖果」之問題，因他在面臨此類問題時，必須把題目中的量（7 顆和 5 顆糖果）都用手指頭從 1 開始逐一「表徵」（re-present）出來，而由於兩個量合起來超過 10 個單位量時，會產生手指頭不夠用的問題，因而無法順利解題。在瞭解該幼兒的發展後，教師或許可先透過「手指頭不夠用，怎麼辦」的問題，提示該幼兒構思或可代替手指頭之物。若在提示後，該幼兒仍無法解題，推演 Vygotsky（1981）所提出「可能發展區」之見解，可能是因為教師的提示太少或太過抽象，以及與此一提示相對應的解題方式——「主動找出可代替手指頭之物品，然後連同手指頭將兩個數量

都表徵出來，之後，再數數看共有多少個表徵量，進而得到問題的回答」，仍超過他的潛在發展水準（潘世尊，2004，2005）。因此，教師可提供更多且更具體的提示，如以「有什麼東西可以代替手指頭」之問題做進一步的提示。而若幼兒仍無法解題，則或可提示他們「要不要用畫圓圈的方式做做看？」當提示至此，幼兒只要具備表徵的能力，幾乎都可成功自行解題，因圓圈的數量並不會受到「10」的限制。

針對上述，值得提出的是兩個實際發展水準相同的幼兒，當面對相同的問題，但教師的引導方式不同時，可能發展出不同層次的心理能力，上一小節與圖 2 就可說明此點。此種情況，意謂幼兒在成人的引導或協助下，於最近期間可能發展出來的能力或許不只一種、且有高低層次之分（Wertsch, 1984）。以此推演，教師若欲追求較為成功與有效的教學，宜引導幼兒發展出他們於最近期間可能發展出來的最高層心理能力（潘世尊，2004，2005）。當教師提示的越多與越具體，則幼兒需主動探索與解決的部份就越少，可能發展出來的心理能力層次也就越低。因此，教師若欲協助幼兒發展出較高層次的問題解決能力，除宜在幼兒真的無法自行解題時才介入、且介入時，宜運用「由少到多、由抽象到具體的提示」之教學策略。而若無論怎麼提示，幼兒都無法想出問題解決途徑，再考慮是否運用講解與示範的方式，因它們乃最多且最具體明確之提示。不過教師在這樣做之前，須衡量該問題是否為幼兒現階段一定要能夠成功解決之問題。若答案為「是」，才如此進行；若答案為「否」，則不用急著教導與示範，因教師講得越多，幼兒須動腦筋的成份就越少。

（四）若發現幼兒的解題方式有問題，可促使他們反思及藉由「認知衝突」的製造，引導其主動調適

依 Piaget（1971）的建構論與 von Glasersfeld（1995）的根本建構主義，個體對外在經驗世界的因應方式，奠基於腦海中的知識結構與同化作用。當個體發現本身的行動有問題而產生困惑的感受時，會主動透過「反思」（reflect）作用檢視自我的操作、運思方式與腦海中的知識結構，並予以調整。因此，困惑的感受是個體主動學習與調適的促動力量，反思則為個體察覺本身的運思方式與知識結構中的問題所在，進而主動加以調整之重要運作。有鑑於此，當教師發現幼兒的解題方式與結果有問題時，可促使幼兒反思及藉由「認知衝突」（cognitive conflict）的製造，讓他們察覺本身的想法與運思似有問題，進而主動予以檢視、調整或重構（Cobb, Wood & Yackel, 1990）。而當幼兒經此過程察覺本身的錯誤、且將自我的解題方式與概念結構予以重組時，爾後將較不會出現類似的錯誤。反之，教師若未如此而引導幼兒用其他方式解題，則潛隱於幼兒的運思方式與概念結構中的問題所在，將不會被他們所察覺和解決。若是如此，幼兒往後可能較易出現相似的錯誤，因他們可能仍以有問題的基模回應類似問題。

在實際教學過程中，教師可於幼兒解題後，透過「為什麼」、「你怎麼知道」之類的問題，促使他們反思與調適（這些問題，也是教師瞭解他們的運思方式與知識結構之重要方式）。此外，教師還可藉由請幼兒把問題再唸或再說一次的策略，引導他們反思自我的操作與解題方式。因當教師這樣做時，意謂兒童的解題方式可能

有問題，而幼兒本身也往往能夠察覺此項訊息。因此，伴隨著把問題再唸或再說一次的過程，幼兒常會試著更為深入的理解題目的意涵、且回顧自我的解題方式是否能夠切合題目之意旨，並進而自行找到問題所在與修改方向。舉例來說，某名曾被教師教導「看到（或聽到）問題中有『還有』、『花掉』的話，就用減的」的幼兒（即該幼兒腦海中的基模為「知覺到問題中有「還有」或「花掉」的用語，就要用減的，因為如此，才符合教師所教的方法、也才會答對」），在面對「一枝筆要 15 元，小明買了一枝筆，還有 10 元，請問小明原來有多少錢」此一問題時，透過 15 減 10 的方式得到 5 元的答案。面對此種情境，就可先問該名幼兒「為什麼是 5 元」或「你是怎麼算的」之類的問題。因幼兒在回答此類問題的過程中，會再檢視問題的意涵、且回顧本身的解題方式，並可能因而察覺其中的問題所在。而若幼兒並未如此，則可請他將題目再唸或再說一次。同樣的，幼兒也可能藉由再唸或再說及再檢視和再回顧的過程，發現本身的操作與運思中的問題點。當然，教師這樣做了以後，幼兒也可能仍然沒有察覺本身的問題所在。若是如此，教師可進一步透過認知衝突的製造，促使幼兒加以發現。

認知衝突的製造，方法相當多元。教師須以幼兒的運思方式與概念結構中的問題所在為基礎，彈性運用各種可能的途徑。承上文之例，教師可問該名回答 5 元之幼兒「一枝筆要多少錢」，他應會回答「15 元」；接著，再問他「小明買了一枝筆，還有幾元？」他應會回答「還有 10 元」。此時，可接著問「問題要我們回答什麼？」該幼兒應會回答「小明原來有多少錢？」接續此一回答，可接著問「小明花 15 元買了一枝筆，還有 10 元，那小明原來的錢會比 15 元多還是少？」當被問到此一問題時，該幼兒就可能因認知上的衝突而感到困惑（此種困惑產生時，可能伴隨笑笑的表情或用手摸摸自己的頭說「吔」……），並主動試著修改自我的解答。上述方式，可說是透過口頭上的質問與提問，促使幼兒產生認知上的衝突。另幼兒之間的交互提問或質問，也可能促使彼此產生認知上的衝突而主動調適，教師因而也可引導他們針對彼此的想法加以回應或質疑。

除此之外，教師還可透過情境的設計或具體的操作，引發幼兒產生困惑的感受。舉例來說，問一個 5 歲的幼兒：圖 3 中哪一堆 10 元硬幣（用圓圈代表）比較多？他的回答是「上面這一堆比較多」。接著問：「為什麼？」他的回答是「上面的比較長」。顯然，該名幼兒腦海中的基模為「看到比較長的，就是比較多」。對此情況，教師須讓幼兒意識到不是比較長的就比較多，他才會察覺自我的想法與判斷可能有問題，進而主動加以修正。因此，可將下面硬幣的排列方式改變、並加大每個硬幣之間的空隙，然後問該名幼兒：那現在是上面還是下面的硬幣比較多？此時，該名幼兒就可能產生困惑的感受（因此一情境設計和問題已明顯挑戰到他的想法），並主動修改本身的回答（如可能透過逐一點數的方式數出上面和下面的硬幣數量，進而得到正確的答案）。

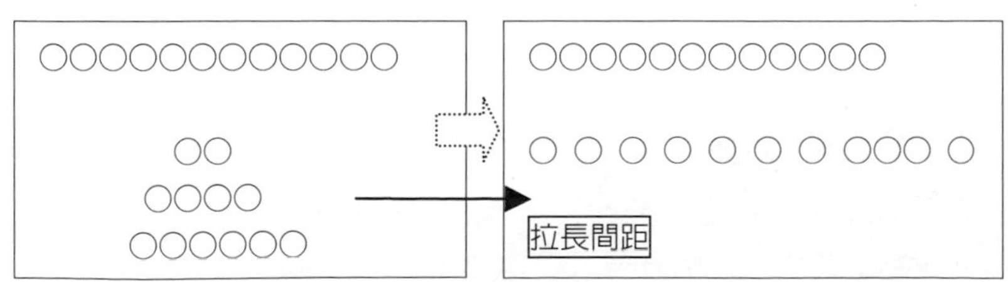

圖 3　運用情境的設計製作兒童的認知衝突示例

（五）教師在引導時，可機動運用不同類型的鷹架

透過教師的引導，幼兒的解題能力可能得到提昇。因此，教師的引導可說是協助或促使幼兒的解題能力得到提昇之「鷹架」（scaffolding）。依上文之說明，教師所提供的鷹架可能有不同類型，如口頭提示、質問與講解或情境的佈置和解題示範。周淑惠（2004）也曾指出教師可透過諸如言談、環境、材料或同儕鷹架的提供，引導幼兒發展其解題能力。以此推演，教師宜以對幼兒的實際發展水準及其運思方式中的問題所在為基礎，彈性且適時運用各種可能的鷹架，以協助他們提昇問題解決能力。

（六）接受幼兒「能存活」的解題方式，且可以幼兒下個階段可能發展出來的概念與運思方式為依據加以引導，以推進其解題能力

從圖 2 可知，一個問題，可能有不同的解題途徑。依 von Glasersfeld（1995）所提出之根本建構主義，這些解題途徑都可存活（即都可通過「邏輯一致性」與「經驗效度」的檢測），因而應該都被接受。然而，圖 2 也顯示不同的解題途徑之間，可能反映不同的心理運作層次，下圖 4 可更加清楚說明此種情況。因此，教師還可以幼兒下個階段可能發展出來的解題能力為基礎，透過提示的方式加以引導，以推進其心理能力的發展（潘世尊，2005）。然而，要說明的是教師在提示後，若幼兒無法應用相對應的方式解題，可能表示潛隱於該解題方式之中的心理能力，超過現階段幼兒的潛在發展水準。若是如此，教師可不用強求幼兒一定須用該方式解題。否則，恐會形成揠苗助長之反效果。

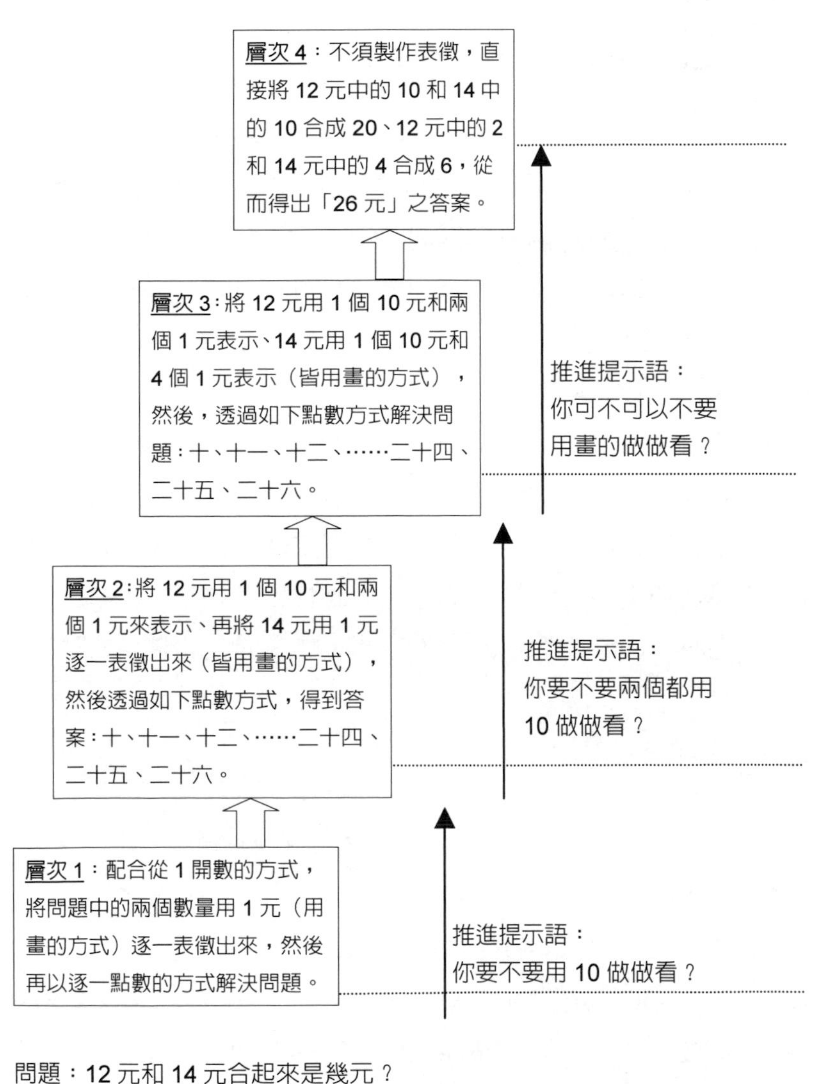

圖 3　不同解決方式之心理能力層次與推進策略示例

（七）課程與教學之進行，宜與知識所存在之活動或情境相結合

從情境認知與情境學習理論的角度來看，若欲讓學生學到能於真實情境中運用之知識，則數學課程與教學之進行，宜儘量與數學知識所存在之活動或情境結合。易言之，教師宜讓兒童置身於數學知識所存在之情境、且讓兒童從事數學知識所潛隱之活動。舉例來說，「長度」的概念與長度測量之工具、要領及其應注意事項，存在於長度的比較活動及與長度測量有關的活動之中。透過這些活動的實際參與及從事，幼兒方能真正掌握長度測量的可能工具（含非標準與標準測量工具）及其運用要領，以及方能培養出長度的「量感」，進而確實能於真實生活情境中，運用相關概念與工具。愛彌兒幼教機構所發展「甘蔗有多高」此一課程（台中市愛彌兒幼教機構、林意紅，2001；潘世尊，2005），可說就能充份體現此點。

二、課程與教學實例分析

上一小節所提出的教學原則與策略，須視兒童的表現和回應機動調整，因而沒有固定不變的實施流程。愛彌兒幼教機構所發展「家人人數統計表」此一課程（張斯寧，2007；張斯寧、江佩憶、陳淑薇，2007），可說就是如此。因此，以下，試著將潛隱於該課程片段之中的建構主義取向教學原則和策略加以析出，以供幼教工作者參考：

表 1　「家人人數統計表」課程之教學原則與策略分析

課程／教學的發展與實施歷程	建構主義取向 教學原則與策略
■ 課程緣起（93 年 2 月下旬） 老師與孩子分享賴馬的著作《早起的一天》這本繪本，得到孩子熱烈的迴響。 幼兒：這本書怎麼每一個人都是小珍珠的家人吔！ 幼兒：老師，小珍珠的家人好多！ 老師：妳們家呢？ 幼兒：我們家只有爸爸、媽媽，還有我。 幼兒：我們家有爸爸、媽媽，還有我和妹妹，還有阿公、阿嬤，還有印尼的阿姨，我家的人比較多。 幼兒：我也有阿公、阿嬤，可是他沒有住在我們家。 接著，孩子熱烈地討論起自己的家庭成員，藉此契機，老師請孩子畫下自己的家庭成員與大家分享，讓大家認識。當孩子分享家庭成員畫時，孩子的話題常圍繞在家人人數上。 老師：有什麼方法可以知道我們中柳丁班誰家的人最多？誰家的人最少？ 孩子：寫在紙上嘛！ 孩子：就是拿一張紙，寫名字，在名字旁邊寫下有幾個人。 接下來的角落時間，有興趣為大家做這樣記錄工作的孩子，替大家將團討時所討論出的方法完成「家人人數統計表」（如下圖與右欄之表格）。 	（配合幼兒的興趣與關注的焦點）提出問題，讓幼兒試著解決？（幼兒的實際發展水準） 接受幼兒應能存活之構想。 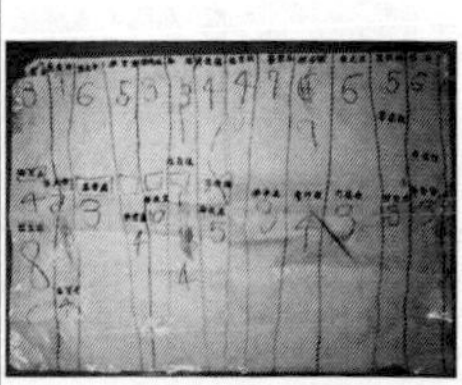

課程／教學的發展與實施歷程	建構主義取向 教學原則與策略
■ 課程發展（93 年 2 月下旬至 93 年 3 月底） 當分享完第一次做好的家人人數統計表後，孩子們覺得格線歪七扭八，雖一開始是有照順序排的，但到後面的座號卻因排不下而亂掉了。有孩子提出要再從新畫一張，讓統計表更整齊、美觀。團討結束後，提出要重新畫的孩子，為大家做「家人人數統計表」第一次的修改。	引導幼兒透過人際間的互動（提問、質問或建議），察覺自我的想法與操作之問題所在，並主動構思可能的解決方向。
● 第一次修改： 格線歪七扭八，後面的座號因排不下而亂掉 師：什麼工具可以幫助我們不要畫的歪歪的？ 萱：我知道是尺、是尺。	提示（以幼兒的實際發展水準及問題所在為基礎，加以提示）。
尺拿上來了，萱將尺拿豎的，尺的左邊與紙的左邊緣切齊，從尺的右邊下筆，順著尺的邊緣畫直線，畫好了再將尺移位。將尺的左邊切齊剛畫好的線，用尺的寬度取間距。萱邊畫、庭邊排印章，萱還未畫完庭就排好了，但庭一再的從頭確認順序的正確性。萱畫完直線，並數一數共有幾格，庭將第一個印章沾了印泥要開始蓋印了。	讓幼兒試著依自我的構想解決問題。
萱：等一下，畫完再蓋，只有 11 格不夠，我要在中間畫一條線，變多格一點才夠。 萱：等一下，好像還是不夠，我數數看。 萱從第 1 格開始數 1 數到第 11 格，又返回第 1 格數 12，數到 22 又折返至第 1 格數 23，一直數到 28。 萱：要再劃一條線間隔，變 3 格才夠。 師：你是說 3 列嗎？ 萱：對！	（幼兒自行發現本身先前構思與操作中的問題點，並提出修改方向）
萱將預備要將線畫中間的尺往上挪一些劃一條橫線，接著在下方的格子，約略的取中間位置，又劃一條橫線。	提問（或可問：為什麼要 3 格才夠，以更為深入的瞭解幼兒的運思

課程／教學的發展與實施歷程	建構主義取向 教學原則與策略
萱：這樣就夠了。 （幼兒第一次修改後的結果，如下表） 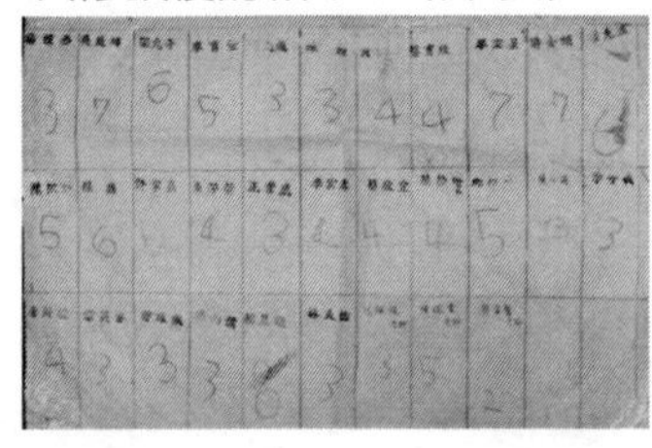	及促使他反思）。 接受幼兒所提應能存活之構想。 （幼兒針對本身先前構思與操作中的問題所在，予以修改）
● 第二次修改：所長看不懂這張圖是要做什麼的？ 在完成家人人數統計表第一次的修改後，我們讓孩子分享修改的成果，並與第一次的統計表做比較。孩子們看了對修改後的家人人數統計表一陣驚嘆：好整齊喲！	
萱：我把尺放在上面，照著描，每一格都照著描（指以尺的寬度做間距） 師：所以他們畫的格子都一樣寬喲！ 庭：而且我們有照順序，從 1 號排到 28 號。 老師：我今天把這張拿去給所長看，他說看不懂耶！他說看不懂這張是要做什麼的。 幼兒：這張是告訴大家，中柳丁班的人家裡有幾個人。	運用幼兒與師生間的互動（分享觀摩與說明），深化其概念結構和問題解決能力。
老師：我們都知道這張是告訴大家中柳丁班的人家裡有幾個人，可是所長不知道啊！不過所長看得懂這張是簽到表喲！（老師將班上的簽到表拿給孩子們看） 幼兒：所長為什麼知道？ 老師：仔細看著張簽到表，還有你們的統計表。 幼兒：我知道了！因為簽到表上有寫簽到表，可是我	質問與提示（不直接告訴幼兒可改善的方向）。 （提示後，幼兒並未發現可能的問題所在與改善方向）

課程／教學的發展與實施歷程	建構主義取向 教學原則與策略
們做的那張沒有寫。 老師：所以呢？ 幼兒：所以要把它寫上去，大家就知道這張是在告訴大家中柳丁班的人家裡有幾個人。 老師：那要寫什麼？ 孩子：寫「中柳丁班的人家裡有幾個人」。 接著，老師將孩子說的寫在白板上。 老師：好！所以只要加上這些字，大家就會知道了嗎？ 孩子：對！ 於是一組孩子開始在美勞區，依據討論結果修改圖表（第二次修改後的結果，如下表）。 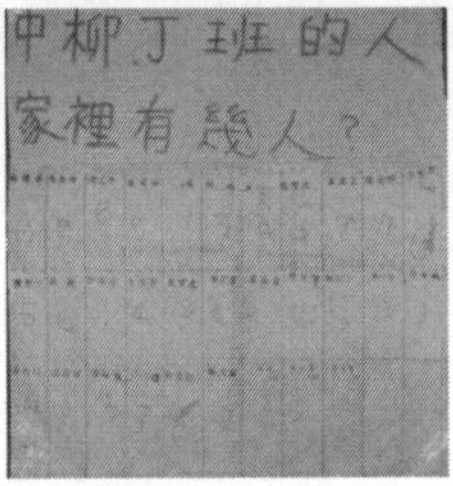	運用較為具體的提示及材料鷹架。 再運用更具體的提示。（在更具體的提示後，幼兒發現問題） 讓幼兒提出問題解決方案。 （幼兒提出問題解決方案）
● 第三次修改：無法一看到這張圖表，就能夠知道誰家的人比較多？誰家的人比較少？ 老師：那你們可以從這張表告訴我，誰家的人最多，誰家的人最少呢？ 孩子在家人人數統計表上搜尋了一下。 孩子：是頡。 孩子：不是啦！頡家 7 個，璇家有 8 個，璇家比較多啦！ 老師：那誰家的人最少呢？ 孩子：是丞，只有 3 個！	以幼兒已有的知識和能力為基礎，設定更高一層的學習目標（即設定幼兒可能的潛在發展水準），以提昇幼兒的知識和問題解決能力層次。

課程／教學的發展與實施歷程	建構主義取向 教學原則與策略
孩子：哪是！嘉家只有 2 個人，比丞家少啦！ 老師：我覺得你們花好多時間找，你們有沒有好辦法，能夠一看到這張表，就能夠知道誰家的人比較多？誰家的人比較少？ 孩子：……	提出問題，讓幼兒試著構思解決之道。 提出問題讓幼兒解決（有沒好辦法，能一看就知道？）
老師：剛才我們做月份統計表時，你們怎麼知道 3 月比 2 月多天？ （於每個月月初，教師會引導幼兒做前一個月有幾天的統計，並在每月有幾天的表上貼圓點貼紙做統計。） 孩子：因為 3 月比 2 月長。 孩子：我知道了！我們也可以貼圓點貼紙。	（幼兒無法回答，顯示教師可介入引導） 結合幼兒的學習經驗予以提示。
老師：你們要怎麼貼？ 孩子：就是像這張一樣，把幾月那裡改成名字，然後在每個人的名字下貼圓點貼紙。 孩子：我知道，就是他家有幾個人就貼幾個圓點貼紙。 老師：為什麼這樣就可以一看就知道誰家的人比較多？ 孩子：因為誰家的人比較多，就會貼比較長；誰家的人比較少，就會貼比較短。 孩子：對！就是看誰的最長就是最多人；誰的最短就是最少人。	（經教師的提示及同儕的初步回應，有幼兒想出可能的解決方案） 提問，以確實瞭解幼兒想法。 提問，以確實瞭解幼兒想法，並讓兒童具體提出問題解決方案。
老師：你們是說家裡的人比較多，貼的圓點貼紙比較多張，就會比較長；家裡的人比較少，貼的圓點貼紙比較少張，就會比較短，最後我們只要看最長和最短的，就知道誰家的人最多；誰家的人最少。 孩子：對！就是這樣！ 經過這番討論，有興趣的孩子於接下來的角落時間，	請幼兒確認本身對他們的想法之理解是否正確。

課程／教學的發展與實施歷程	建構主義取向 教學原則與策略
替大家執行這個任務。將家人人數統計表做第三次的修改（修改之結果，如下表）。 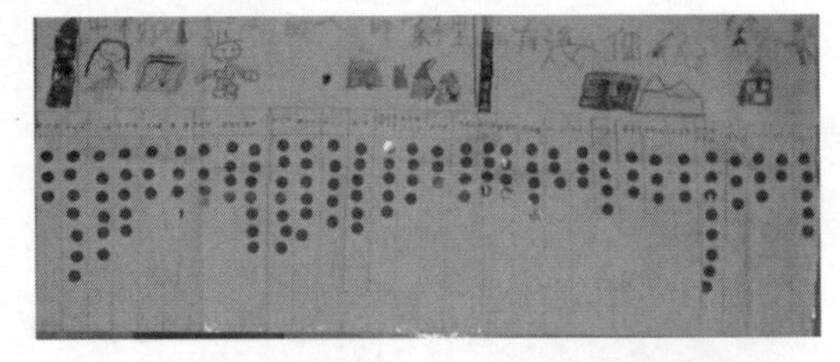	接受幼兒所提出，應可存活之解題方案。
● **第四次修改：圓點間距不一致，無法做正確的比較** 完成家人人數統計表第三次的修改後，我們讓孩子們分享他們的成果，也驗證是否可以真如孩子所說的：一眼就可看出，誰家的人最多？誰家的人最少？	
老師：誰家的人最多呀？	
孩子：璇！	
老師：你們怎麼知道？ 孩子：因為璇的最長嘛！	提問（讓幼兒解決問題）
孩子：我覺得庭的和璇一樣長耶！ 老師：那麼庭和璇，他們家的人是全班最多的，是不是呀？	提問（瞭解幼兒的想法） （幼兒的基模：看起來較長的，就較多）
孩子：亂說，庭家7個人，璇家有8個，當然是璇家的人比較多。 老師：可是庭和璇看起來一樣長哦！ 孩子：不是！你要數數看，璇的貼了8張圓點貼紙，庭的才7張。	提問（瞭解幼兒的想法，並製造其認知衝突，因庭和璇的家人數目其實不一樣）
老師：我們不是說要做一張一看就知道，誰家的人最多？誰家的人最少的表嗎？ 孩子：對呀！	製造幼兒的認知衝突（有幼兒調整原先之基模，要數數看，不是看起來比較長的就比

課程／教學的發展與實施歷程	建構主義取向 教學原則與策略
老師：那為什麼不是像你們說的一樣，貼的最長的，就是最多人呢？	看起來比較長的就比較多）
孩子：因為……因為	質問（製造幼兒的認知衝突）
老師：我們再來看看庭和呈的，看是誰家的人比較多？	質問（製造幼兒的認知衝突）
孩子：庭！	（幼兒無法察覺問題所在）
孩子：不是啦！庭和呈家的人一樣多啦！	
老師：一樣多嗎？	提問（為後續提示準備）
孩子：她們家都是7個人。	
老師：可是我看到的也是庭的比較長，這是怎麼一回事啊？	
孩子：一樣多，應該一樣長。	
孩子：我知道，我知道，是呈貼的比較靠近，庭貼的比較遠的關係。	
老師：是因為這樣呀！那我們要怎麼做？	
孩子：把它貼整齊就好了。	
老師：怎麼貼整齊？	
	提示（庭和呈的家人數目一樣多，庭的圓點卻比較長）
孩子：就是要貼的一樣靠近。	
孩子：我覺得要就像每個月有幾天的表一樣。	
老師：像這張一樣嗎？	（幼兒發現問題所在）
孩子：對！把這裡加上整齊的線，就會像這張一樣有格子了！然後就把圓點貼紙貼在格子裡面。	提問，讓幼兒構思解決之道。
孩子：還要寫數字。	
老師：為什麼要寫數字？	（幼兒回應）
孩子：這上面有寫數字。	提問（確實瞭解幼兒的想法）與提示（引導幼兒考量貼整齊的方法）。
老師：那這些數字代表什麼意義呢？	
孩子：幾天的意思	
孩子：如果我們也在這張寫上數字，就可以讓大家知	

課程／教學的發展與實施歷程	建構主義取向 教學原則與策略
道有幾個人了。 老師：你們是說可以一看就知道，誰家的人最多，誰家的人最少，也可以同時知道有幾人嗎？ 孩子：對呀！	（幼兒想出可貼整齊的方法） 提供材料鷹架。 提問，瞭解幼兒想法。
經過這番討論，有興趣的孩子於接下來的角落時間，替大家執行這個任務。將家人人數統計表做第四次的修改（修改之結果，如下表）。	提問，瞭解幼兒想法。 提問，瞭解幼兒想法。 接受幼兒所提，應能存活之構想。
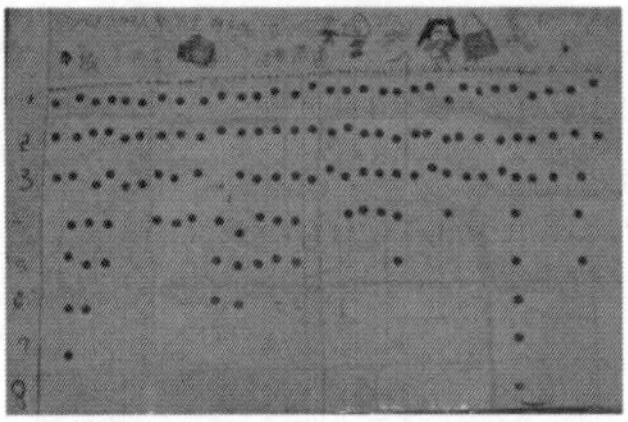	
● 第五次修改：格子太大且一個格子內有的貼比較上面，有的貼比較下面 我們分享第四次修改製作的家人人數統計表。	
老師：看這張，上次你們說要怎麼修改這張統計表？ 幼兒：加上數字，還有線（參與製作的孩子：我們昨天畫很久）。	引導幼兒發表自我的想法和操作。
幼兒：你們的圓點貼紙貼得亂亂的，我們不知道要怎麼看？ 幼兒：就是先找名字，找到了再對下來到最後一個點點，再從這個點點去對到數字，就知道這個家的人有幾個人（參與製作的幼兒指著第四次修改製作的「家人人數統計表」說明）。	（幼兒質問同儕製作的結果）
老師：你們為什麼只做 8 行？不像這張要畫 31 行？（老師指著每月天數統計表問） 幼兒：哪要畫那麼多，我們班最多人的家就是璇的家，只有 8 個人，只要畫 8 個就夠了。	提問，瞭解幼兒的想法與操作並促使幼兒反思。

課程／教學的發展與實施歷程	建構主義取向教學原則與策略
老師：你們這8行格子，看起來都一樣高，你們是怎麼做的？ 幼兒：就像摺紙一樣呀！摺一半又摺一半，折到變8格。	提問，瞭解幼兒的想法與操作。
老師：那你們摺了幾次才變成8行。 幼兒：不知道，我們現在摺摺看就知道了（然後說：3次）。 老師：他們好聰明喔！他們知道可以用這種方法，也知道只須摺3行就夠了。 幼兒：可是他們做得這張看起來亂亂的！ 老師：怎樣亂亂的？	提問，瞭解幼兒的想法與操作。
幼兒：貼紙沒有貼整齊！ 老師：他們都貼在格子裡面了呀！他們沒有亂貼。 幼兒：可是貼在格子裡面，也要和旁邊格子裡面的貼紙對齊啊！ 老師：那有什麼辦法呢？	提問，瞭解幼兒的想法與操作。
幼兒：就是和旁邊對齊貼！ 老師：如果我們改變格子呢？ 幼兒：怎麼改變？	提問，讓幼兒思考問題解決之道。
老師：你們說的「亂」，是因為一樣是在「1」這行的每一個格子，有人貼的比較上面，有人貼的比較下面嗎？ 孩子凝視第四次修改製作的家人人數統計表，然後說：對！ 老師：那我們要怎麼改變格子，圓點貼紙才不會貼的又上又下的呢？	提示（可先問：為什麼會亂亂的？要怎麼才能和旁邊貼齊？即不用急著提出改變格子之方法）。
幼兒：把格子變短，不要那麼長（意指縮短格子上下的距離）。 幼兒：圓點貼紙也沒那麼大，不用那麼大的格子，才不會很浪費紙。	提問，瞭解幼兒的想法，並提示可能的問題解決方向。

課程／教學的發展與實施歷程	建構主義取向 教學原則與策略
幼兒：我覺得他們的線也畫的亂七八糟的，沒有好好畫。	
老師：所以呢？ 幼兒：要好好畫，慢慢畫就會整齊了！	提問，讓幼兒構思解決方式。
老師：所以要把格子變小，還要注意要把線畫直，畫整齊？	（幼兒回應）
接下來的角落時間，有興趣的孩子替大家執行這個任務，將家人人數統計表做第五次的修改（修改結果如下表）。	接受幼兒應可存活之建構。
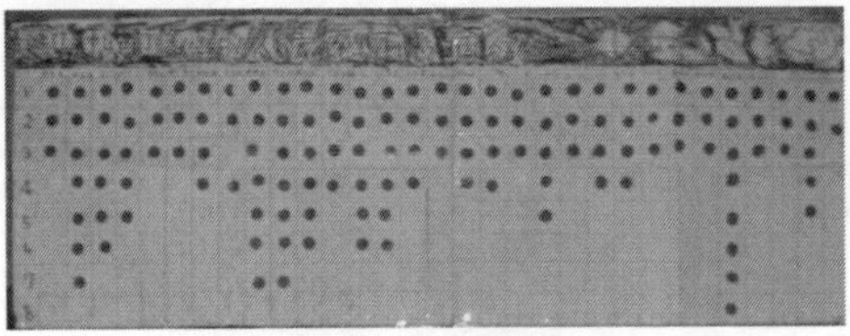	
● 第六次修改：名字太小，很難立刻發現要找的人	
在完成家人人數統計表第五次的修改後，教師引導幼兒進入「中柳丁班的人，家裡有幾個人」的分析，大多數的幼兒都能從統計圖表中讀出一些訊息，且會以座標的方式對應數字，而一眼看出班上每個人家中的人數。也能從圖表中看出誰家的人最多，誰家的人最少？	教師引導幼兒分享與發表。
在這樣的分析過程中，幼兒發現此統計表仍有再改進的空間，就是在名字的標示上，因為是以蓋章的方式，所以字體較小而不清楚，在查詢上，也很難立刻發現要找的人，都得花上一些時間。經由一番討論，孩子決定用寫的，將名字寫大一點。	（幼兒發現現有統計表之問題，並提出改善方式）
有興趣的幼兒在角落時間，替大家執行這個任務：首先，試著寫全班的名字，之後，孩子反應用寫的不整	接受幼兒所提，應能存活之解決方案。

課程／教學的發展與實施歷程	建構主義取向 教學原則與策略
齊，也不好看。接著，孩子觀察到教室環境中的標示，發現工作櫃、桌子上……等，有電腦印出的名字標示，既整齊又清楚，且還有座號在上面可以更快的找到要查的人。於是孩子向老師要了電腦列出來的字，剪成了一個個名字條，負責畫表格的孩子，會以剪下的名字條，作為格子大小的依據。孩子說：格子要名字能貼的下，且還能預先依班上人數及其家人數，算出所需的行列格數。（第六次修改之結果，如下表） 	（幼兒發現先前構想之問題） （幼兒透過觀察提出另一解決方案） 提供材料鷹架
● 第七次的修改：統計表太長了不好看，也很難找到能張貼的好位置 「家人人數統計表」在第六次的修改完成一部分後，就做分享了，其他幼兒也針對這次的修改給予回饋及建議。	教師引導幼兒分享與發表。
過程中，幼兒提出名字的標示部分，比先前的更整齊且清楚，而且加上座號，能更快速找到要查的人，真的很方便！只是這統計表似乎太長了，不好看，也很難找到張貼的好位置。經由一番討論，幼兒觀察教室中的「每月天數統計表」發現，文字的書寫可以有橫	（幼兒發現有現統計表可再改進之處，並提出改善方式） 接受幼兒所提，應能存活的解決方案。

課程／教學的發展與實施歷程	建構主義取向 教學原則與策略
式及直式的，進而有孩子提出他的推想：如果將名字的標示從橫式改為直式的書寫方向，就能讓此家人人數統計表縮短。 於是有興趣的孩子在角落時間，替大家執行這個任務，他們跟老師要了電腦列出來的直式的字做家人人數統計表，並進行第七的修改。 由於幼兒有了先前累積下的經驗，所以當著手畫表格的同時，會先考慮到格子的大小需配合其內容物，例	（幼兒執行本身所提之問題解決方案。）
如：會先測出計量用的圓點貼紙所需的格子大小、會以剪下的名字條，作為格子大小的依據。	提示「統計表」此一名詞。
另一方面，有幼兒提出班上有兩位新朋友加入，於是在調查他們兩位的家人人數後，也將他們記錄在此次的家人人數統計表中。另外，在教師介紹「統計表」這名詞給幼兒後，幼兒決議要將標題做部份調整，將「中柳丁班的人家裡有幾個人？」，改為「中柳丁的家人統計表」。 他們依計畫完成第七次修改的家人人數統計表，將名字的標示從橫式改為直式的書寫方向，如此家人人數統計表真的縮短了許多，也比較好看。（第七次修改結果如下表） 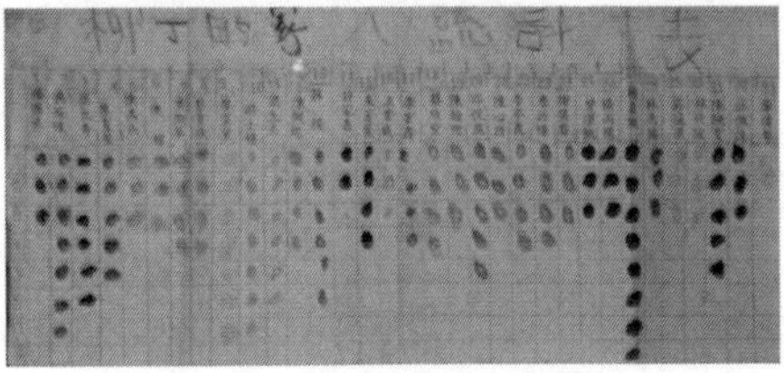	（幼兒修改表格名稱）

註：左欄資料改編自張斯寧（2007）及張斯寧、江佩憶與陳淑薇（2007）。

針對「家人人數統計表」此一課程，值得提出的是除了表 1 中教學原則與策略，教師在整個教學過程中，可說讓幼兒置身於統計表的相關概念所依存的實際情境、且讓他們實際從事製作統計表的活動。透過這些活動的參與及後續的分享、發表、檢討和修正，幼兒不但增進與統計表有關之知識，且逐漸發展能實際製作統計表之能力。

肆、建構主義取向的幼兒科學創新教學

整體而言，幼教工作者仍可運用上述教學原則與策略，以創新自我之科學教學。然而，由於科學與數學之性質有所不同，教育工作者在以建構主義之內涵為基礎實施教學時，可能會產生不同的樣貌、且宜引導幼兒學習科學的方法，並讓他們經歷科學知識的產生歷程。

具體言之，科學知識的產生，可能源於科學家對他所知覺到的現象感到好奇，進而對其成因予以解釋、且試著透過資料的蒐集或實驗的設計與施行，加以驗證。若他所蒐集到的經驗證據或實驗結果與原先推測不符（即無法驗證本身先前的解釋），則可能回顧本身先前的推測、資料蒐集或實驗設計是否失當，並依檢視結果加以調整。因此，教師在教學過程中，宜引導幼兒對他所觀察、知覺到的現象予以解釋，並進而透過觀察或實驗的方法加以檢驗。過程中，教師須引導幼兒思考可如何透過觀察蒐集資料（如引導幼兒討論觀察的工具、重點與記錄方式），以及須引導他們思考可如何透

過實驗設計檢驗本身的推測？若能如此，科學的態度、方法與紮實的科學知識，將逐漸在幼兒身上發展出來。愛彌兒幼教機構所發展「讓樺斑蝶回家」（楊蕙鎂、唐雪怡、賴姿君，2005）與「果醬餅乾」（張斯寧、杜凌慧、佘素華，2007）這兩個課程，可說就大致能夠體現此點。茲分別以這兩個課程的部份片段為例（參表 2 與表 3），說明此點：

表 2　「讓樺斑蝶回家」課程片段之教學原則與策略分析（觀察的引導）

課程／教學的發展與實施歷程	建構主義取向教學原則與策略
■ 課程背景 兒童於菜圃鋤草、鬆土的過程中發現毛毛蟲時，表現出害怕、討厭的感受，並認為有毒而不可接近。對此情況，教師們認為成人由於擔心兒童被毛毛蟲傷害，因而忘了引導孩子欣賞生命的偉大與自然之美妙。因此，擬引導幼兒加以探究。	透過觀察瞭解幼兒的想法與感受，並據以安排進一步之課程。
● 觀察的引導 為達課程目標，教師提供相關的學習資源，包含在語文區擺放與毛毛蟲及蝴蝶有關的圖書繪本，在科學區準備放大鏡、飼養箱、圖鑑等科學觀察所需的工具與資料。此外，還利用課餘時間帶幼兒到菜圃觀察毛毛蟲，並透過圖畫書為幼兒介紹毛毛蟲與常見昆蟲。其中，幼兒甚為喜歡「好餓的毛毛蟲」一書，經常拿著該書請老師說故事，並透過想像、模擬及創造等活動進而改編「好餓的毛毛蟲」一書。而隨著天天觀察及上述活動，幼兒漸漸變得不再害怕毛毛蟲，並主動以畫筆加以記錄。然而，幼兒在記錄觀察結果時，常用線條或圓圈代表「一隻	觀察幼兒的操作，瞭解其實際發展水準與既有知識。

課程／教學的發展與實施歷程	建構主義取向教學原則與策略
毛毛蟲」，或想像毛毛蟲正在做某事（即非真正記錄觀察結果）。	
就科學知識的習得而言，觀察與記錄是重要的能力。在理解幼兒目前的發展階段與表現之後，教師利用與幼兒共同改編及創作「好餓的毛毛蟲」一書之機會，增強其思考廣度。同時，亦引導幼兒將每日利用課餘或角落時間觀察到的結果記錄於紙張之上；然後，請幼兒分享觀察與記錄之結果，並由教師及同儕進行提問。而經由此種提問與澄清之歷程，幼兒逐漸能夠透過紙筆具體呈現觀察的結果。此外，在提問與澄清的過程中，一些新的問題可能浮現，並成為幼兒進一步觀察與探索的對象。	利用材料鷹架深化幼兒對毛毛蟲的瞭解，進而擴充他們對毛毛蟲的觀察重點之掌握。 引導幼兒透過分享與提問，掌握觀察的重點與記錄的方式，以及後續可進一步觀察的對象（還可引導幼兒思考、討論觀察的方法與工具）。

註：左欄資料改編自楊蕙鋑、唐雪怡與賴姿君（2005）及潘世尊（2007b）。

表 3　「果醬餅乾」課程片段之教學原則與策略分析
（科學探索歷程的經歷）

課程／教學的發展與實施歷程	建構主義取向教學原則與策略
■ 課程背景 幼兒嘗試製作餅干。 教師提供食譜給幼兒參考，但將烤餅乾時間的部份空白（讓幼兒以實驗試探時間）。幼兒決定在溫度相同的情況下，第一盤烤 5 分鐘、第二盤烤 15 分鐘……，不斷實驗，直到餅乾烤得滿意為止。	引導幼兒透過討論進行實驗設計，決定烤的溫度和時間。
■ 科學探索歷程的經歷 ● 試吃烘烤五分鐘餅乾的感覺 家茵：好好吃，軟軟的。	讓幼兒實作及透過試吃的活動，檢驗本身先前的設想。

宥均：酥酥的。 品言：甜甜的。 冠佑：我覺得五分鐘甜甜的。 但孩子發現烤五分鐘的餅乾在外觀上看似未完全成熟，且底部還有麵糰的感覺。	引導幼兒透過觀察察覺實驗結果的問題所在。
● 試吃烘烤十分鐘餅乾的感覺 幼兒決定第二次要烤十五分鐘，但在烘烤的過程中，烤箱逐漸冒出濃煙並傳來陣陣燒焦味，為了安全起見，老師約在十分鐘時關掉烤箱，此時的餅乾外觀上已呈現焦黑的狀況。	讓幼兒針對觀察到的現象提出解釋，並重新設計或可予以解決之實驗，且讓其實作。
冠佑：好像烤焦的味道，有一點苦苦的。 瑞馨：外面吃起來有一點脆，有一點甜。 傳甫：十分鐘不好吃。	引導幼兒觀察實驗結果，並透過試吃後的感覺之分享，察覺先前實驗設計中的問題所在。
● 試吃烘烤六分鐘餅乾的感覺 於是幼兒們在五分鐘與十分鐘之間做折衷考量，並決定從六分鐘開始實驗，直到滿意為止。	讓幼兒針對觀察到的現象提出解釋，並重新設計或可予以解決之實驗，且讓其實作。
允瑞：我覺得酥酥的。 筠婷：我覺得草莓很好吃。 宗翰：鬆鬆脆脆的感覺，像廣告在說的。 宥均：甜甜的又好好吃 煒程：我覺得六分鐘的比較好吃。	引導幼兒觀察實驗的結果，透過試吃檢驗先前的設想是否適當。
幼兒發現第三次六分鐘烤出來的餅乾，外觀上看起來很可口，於是認為六分鐘的時間是烤餅乾剛好的時間。	幼兒得到烤六分鐘是較適當時間之答案。

註：左欄資料改編自張斯寧、杜凌慧與余素華（2007）。

伍、結論與建議

本文旨在闡明幼教工作者可如何以建構主義取向的教學原則與策略為基礎，創新自我之數學與科學教學。

首先，就數學教學而言，教師可運用如下原則與策略協助幼兒成功解題，並提昇其問題解決能力：（1）先讓幼兒思考、發現與解題，再視需要予以引導；（2）瞭解幼兒的基模、運思方式與實際發展水準，做為課程安排與教學之依據；（3）幼兒若無法想出問題解決途徑，可運用「由少到多、由抽象到具體的提供提示」之方式予以引導；（4）若發現幼兒的解題方式有問題，可促使他們反思及藉由「認知衝突」的製造，引導其主動調適；（5）教師在引導時，可機動運用不同類型的鷹架；（6）接受幼兒「能存活」的解題方式，且可以幼兒下個階段可能發展出來的概念與運思方式為依據加以引導，以推進其解題能力；（7）課程與教學之進行，宜與知識所存在之活動或情境相結合。

其次，就科學教學來說，教師除可應用上述教學原則與策略，還宜因應科學此一學科之特性，引導幼兒學習科學的方法，並讓他們經歷科學知識的產生歷程。若能如此，科學探索的態度、科學的方法及紮實的科學知識，方能於幼兒身上逐漸發展出來。

除了上述，本文還透過對愛彌兒幼教機構所發展出來課程之分析，揭露潛隱於其中的建構主義取向教學原則和策略。希望藉此，讓「理論」的闡述與教學「實際」有更為緊密的聯結，進而讓幼教工作者理解可如何運用建構主義取向的教學原則和策略，以創新自我之數學和科學教學。有志於此之教育工作者，同樣可予以參考。然而，筆者要再次強調本文所提出來之教學原則與策略，宜以對幼兒的表現、想法或既有知識之瞭解為基礎彈性運用，因而沒有固定不變的實施流程。教育工作者必須把握此點，方能讓它們發揮最大效用。

參考文獻

方吉正（2003）。情境認知學習理論與教學應用。輯於張新仁主編：學習與教學新趨勢（頁 345-402）。台北市：心理。

台中市愛彌兒教育機構、林意紅（2001）。甘蔗有多高？——幼兒測量概念的學習。台北市：信誼。

周淑惠（2004）。Reggio 建構教學及其對幼兒自然科學教育之啟示。幼兒保育學刊，2004，2，19-36。

徐新逸（民 84）。「錨式情境教學法」教材設計、發展與應用之研究（II）。國科會專題研究報告（編號：NSC84-2511-S032-001）。

張世忠（2000）。建構教學：理論與應用。台北市：五南。

張斯寧（2007）。以建構觀點解讀愛彌兒幼教機構「中柳丁的家人統計表」課程。論文發表於弘光科技大學舉辦之「幼教課程」研討會，台中縣。

張斯寧主編（2007）。建構主義取向的幼兒課程與教學：以台中市愛彌兒幼兒園探究課程為例。台北市：心理。

張斯寧、江佩憶、陳淑薇（2007）。從「家人人數統計表」到「爸媽家務統計圖」——看愛彌兒孩子圖表概念的建構與發展。輯於張斯寧主編：建構主義取向的幼兒課程與教學：以台中市愛彌兒幼兒園探究課程為例（頁 295-310）。台北市：心理。

張斯寧、杜凌慧、余素華（2007）。果醬餅乾。輯於張斯寧主編：建構主義取向的幼兒課程與教學：以台中市愛彌兒幼兒園探究課程為例（頁177-190）。台北市：心理。

許良榮（1993）。談建構主義之理論觀點與教學的爭論。國教輔導，33（2），7-12。

甯自強（1987）。根本建構主義－認知研究的另一種架構。師友，246，30-32。

楊蕙鎂、唐雪怡、賴姿君（2005）。透過建構取向教學引導幼兒科學能力的發展——以愛彌兒課程「讓樺斑蝶回家！」為例。輯於弘光科技大學幼兒保育系主辦：建構主義取向幼兒教育課程學術研討會（系列二）（頁 102-116）。台中市：弘光科技大學。

廖信達（2002）。建構主義及其對幼教課程的啟示－從皮亞傑與維高斯基的理論談起。德育學報，18，93-109。

潘世尊（2003）。建構主義學習理論與教學應用。輯於張新仁主編：學習與教學新趨勢（頁 307-344）。台北市：心理。

潘世尊（2004）。Vygotsky 對認知發展的觀點及其教學應用。弘光學報，43，131-146。

潘世尊（2005）。建構主義取向幼教課程的發展與實施——從愛彌兒幼教機構的「甘蔗有多高」來分析。弘光學報，45，107-128。

潘世尊（2007a）。建構與建構主義之意涵。輯於張斯寧主編：建構主義取向的幼兒課程與教學：以台中市愛彌兒幼兒園探究課程為例（頁3-6）。台北市：心理。

潘世尊（2007b）。建構主義取向的幼兒科學教育——「讓樺斑蝶回家的啟示」。輯於張斯寧主編：建構主義取向的幼兒課程與教學：以台中市愛彌兒幼兒園探究課程為例（頁 213-228）。台北市：心理。

潘世尊、張斯寧（2007）。Piaget 的建構論與根本建構主義及其在教育上的應用。輯於張斯寧主編：建構主義取向的幼兒課程與教學：以台中市愛彌兒幼兒園探究課程為例（頁 7-34）。台北市：心理。

鄭晉昌（1993）。自「情境學習」的認知觀點探討電腦輔助教學中教材內容的設計-由幾個學科教學系統談起。教學科技與媒體，12，3-14。

簡淑真（1998）。建構論及其在幼兒教育上的應用。課程與教學季刊，1（3），61-80。

Barbara, T. (1994). Investing mathematics teaching: A constructivism enquiry-- Studies in mathematics education series 5. ERIC Document(No. ED381350).

Brown, A. L., & Ferrara, R. A. (1985). Diagnosing zones of proximal development. In J. V. Wertsch(Ed.), Culture, communication, and cognition: Vygotskian perspectives(pp. 273-302). NY: Cambridge University Press.

Brown, J. S., Collins, A., & Duguid, P. (1989). Situated cognition and the culture of learning. Educational researcher, 18(1), 32-42.

Cole, M. (1985). The zone of proximal development: Where culture and cognition create each other. In J. V. Wertsch(Ed.), Culture, communication, and cognition: Vygotskian perspectives(pp. 146-159). NY: Cambridge University Press.

Cobb, P., Wood, T., & Yackel, E.(1990). Classrooms as learning environments for teachers and researchers. In Robert B. Davis, Carolyn A. Maher & Nel Noddings(Eds.), Journal for research in mathematics education(Monograph Number 4): Constructivist views on the teaching and learning of mathematics(pp. 125-146). Virginia: The National Council of Teachers of Mathematics, Inc.

Driscoll, M. C. (1994). Psychology of learning for instruction. Boston: Allyn and Bacon.

Forman, G. E., & Hill, F. (1980). Constructive play: Applying Piaget in the preschool. CA: Brooks/Cole Publishing Company.

Kamii, C., & Ewing, J. K. (1996). Basing teaching on Piaget's constructivism. Childhood Education, 72, 260-264.

Lave, J., & Wenger, E. (1991). Situated learning: Legitimate peripheral participation. Cambridge University.

Lee, B. (1985). Intellectual orgions of Vygotsky's semiotic analysis. In J. V. Wertsch(Ed.), Culture, communication, and cognition: Vygotskian perspectives(pp. 66-92). New York: Cambridge University Press.

Piaget, J. (1971). The construction of reality in the child. Translated by M. Cook. New York: Basic Books.

Rogoff, B. (1995). Observing sociocultural activities on three planes: Participatory appropriation, guided participation and apprenticeship. In J. V. Wertsch, P. Del Rio & A. Alvarez (Eds.), Sociocultural studies of mind(pp.139-164). Cambridge: Cambridge University Press.

Scribner, S. (1985). Vygotsky's use of history. In J. V. Wertsch(Ed.), Culture, communication, and cognition: Vygotskian perspectives(pp. 119-143). New York: Cambridge University Press.

Von Glasersfeld, E. (1984). An introduction to radical constructivism. In Paul Watzlawick(Ed.), The invented reality(pp. 17-40). New York: Norton & Company, Inc.

Von Glasersfeld,E.(1989). Knowing without metaphysics: Aspects of the radical constructivist position. ERIC Document(NO. 304344).

Von Glasersfeld, E.(1990a). Environment and communication. In Leslie P. Steffe & Terry Wood(Eds.), Transforming child's mathematics education(pp. 30-38). Hillsdale, New Jersey: Lawrence Erlbaum Associates, Publishere.

Von Glasersfeld, E.(1990b). An exposition of constructivism: Why some like it radical? In Robert B. Davis, Carolyn A. Maher & Nel Noddings(Eds.), Journal for research in mathematics education(Monograph Number 4): Constructivist views on the teaching and learning of mathematics(pp. 19-30). Virginia: The National Council of Teachers of Mathematics, Inc.

Von Glasersfeld, E.(1990c). Edito's Instruction. In Ernst Von Glasersfeld(Ed.), Radical constructivism in mathematics education(pp. xiii-xx). Dordrecht: Kluwer Academic Publishers.

von Glasersfeld, E. (1995). Radical constructivism: A way of knowing and learning. Washington, D. C. : The Falmer Press.

Vygotsky, L. S. (1978). Mind in society: The development of higher psychological process. Edited and Translated by M.Cole, V. John Steiner, S. Scribner & E. Souberman. Cambridge, MA: Harvard University Press.

Vygotsky, L. S. (1981). The genesis of higher mental functions. In J. V. Wertsch(Ed.), The concept of activity in Soveit psychology(pp. 144-188). NY: M. E. Sharpe.

Watts, M., & Bentley, D. (1991). Constructivism in the curriculum: Can we close the gap between the strong theoretical version and the weak version of theory-in-practice? The Curriculum Journal, 2(2), 171-182.

Wertch, J. V.(1984). The zone of proximal development: Some conceptual issues. In B. Rogoff & J. V. Wertch(Eds.), New directions for child development. NO. 23: Childern's learning in the "Zone of Proximal Development"(pp. 7-18). San Francisco, CA: Jossey-Bass Inc.

Wertsch, J. V., & Stone, C. A. (1985). The concept of internalization in Vygotsky's account of the genesis of higher mental functions. In J. V. Wertsch(Ed.), Culture, communication, and cognition: Vygotskian perspectives(pp. 162-177). NY: Cambridge University Press

幼稚園創新教學方案

——統整主題單元的設計與評鑑

游家政　教授

壹、前言

俗諺常云「三歲看大，五歲看老」，指出幼兒時期的身心發展及啟蒙教育的重要，對其後續的成長與學習具有密切的影響。俗諺亦云「小時了了，大未必佳」，不僅指出幼時與生具有的天分和成年的表現是沒有絕對的必然關係，同時也道破了人為的教育措施或後天安排的學習環境扮演關鍵性的因素——它可能實現與擴展了學習者的潛能，也可能抑制或戕害了學習者的天分。幼稚園是兒童最早接受團體教育的學前機構，在幼稚園所獲得的教育經驗難免會「銘印」（imprinting）在幼童的心靈，影響他／她對後續學校教育的符像與學習的態度。

幼稚園的課程大多為遊戲與生活，例如我國教育部 1987 年公布《幼稚園課程標準》即將幼稚教育定位在以健康教育、生活教育和倫理教育為主，其課程包括：健康、遊戲、音樂、工作、語文、和常識等。日本 1988 年修訂的《幼稚園教育大綱》，其教育內容包括健康、人際關係、環境、語言、表現等五個領域（宍戸健夫, 2005）。美國則由幼教機構自行規劃教育內容，呈現自主的與多元的特色。

近年來，由於受到民間業界大肆宣傳「不可輸在起跑點」的商業廣告，以及教育改革「回歸基礎」（back to basics）與學科「標準運動」（standards movement）的影響，幼兒教育遂淪為小學教育的準備，課程日漸趨向學科化或學術化。有些學科學會或教師團體，甚至將其課程標準向下延伸到幼稚園或學前階段。例如「全美社會科課程學會」（National Council for the Social Studies, NCSS）1994 年出版的《社會科課程標準》(Expectations of Excellence：Curriculum Standards for Social Studies)，即包含幼稚園到高中（K-12）各階段。「全美數學教師學會」（National Council of Teachers of Mathematics, NCTM）1989 年出版的《國中小學數學原則與標準》（Principles and Standards for School Mathematics）更包含學前、幼稚園和國中各階段（Pre-K-8）。即使幼教界亦研訂「幼童學習標準」（early learning standards），描述對幼童學習與發展的期望，包含幼童在某一個學科必須知道的內容標準或能夠做的表現標準（NAEYC, 2004）。

對於幼兒教育是否應包含學科知識或概念？是否訂定課程或學習標準？贊成與反對陣營各有主張，至今尚無定論。即便積極倡導「適合發展的實務」（Developmentally Appropriate Practice, DPA）的「全美幼童教育學會」（National Association for the Education of

Young Children, NAEYC），雖然憂心幼兒教育小學化、課程學科化，也相信幼童學習標準是有價值的，可為幼兒提供完整的、高品質的教育服務，但必須基於：（1）強調有意義的、符合幼兒發展的學習內容與結果，（2）經由充分資訊與整合的歷程來發展與檢視學習標準，（3）支持全體幼兒發展的方式來實施與評量，（4）獲得幼兒方案、專業與家庭的強力支持等四個要素（NAEYC, 2004）。本文不贊同將幼稚園教育視為小學教育的準備，但接受NAEYC 的觀點，只要教學內容和方法能夠符合幼兒的年齡、文化背景、個別差異等，任何課程皆可透過統整的主題方式來實施。

「統整主題教學」（integrated thematic instruction）簡稱為「主題單元」（thematic unit）或「主題教學」（thematic teaching），係指根據課程統整的原理，以主題做為組織中心去設計單元教學或學習活動，將知識學習結合到真實世界問題或社會論題。這樣的教學設計相較於傳統的學科界限分明、強調記憶背誦的方式，可視為一種變通的或創新的教學方法。本文旨在論述統整主題教學的設計與評鑑，提供幼稚園課程規劃的參考。全文的結構，除了前言與結語之外，分為三個部份：（1）課程統整的觀點與途徑，（2）統整主題單元的設計，（3）統整主題單元的評鑑。

貳、課程統整的觀點與途徑

「課程統整」（curriculum integration），是由「課程」與「統整」結合而成的複合名詞。就「統整」而言，係指將分立的事物連結或融合成一個有意義的整體。將「統整」的概念應用到課程時，則受到不同課程觀的影響，而出現不同的課程統整概念與途徑（游家政，2002，178-185）。

一、課程統整的觀點

傳統的課程觀採取「跑道」的名詞意涵，認為課程是靜態的和封閉的，而且是可以預先設計的。因此，「課程統整」被界定為「一種課程組織，貫穿學科教材的界限，關注廣泛的生活問題或寬廣的學習領域，將各種分割的課程組合成有意義的聯結」（Good, 1973, 159）。或指「課程成份的橫向聯繫或水平銜接，希望讓特定的課程內容能夠和其他的課程內容建立融合一致的關係，讓學習者能夠把所學的各種課程貫串起來，了解不同課程彼此之間的關連性，以增加學習的意義性、應用性和效率性」（黃政傑，1997）。

Miller，Cassie 和 Drake（1990）則將統整學習（integrated studies）界定為「整體性的學習」（holistic learning）。「統整的」與「整體的」皆隱含「聯結」（connections）的意思，意指產生關聯的學習，包含線性思考與直覺的平衡、生理與心理的關聯、不同領域知識間的關聯、自我與社區的關聯、人類與地球的關聯、社會我與自然我的關聯（Miller，1996，8-9）。

將課程統整視為一種課程組織的聯結技術，有以下三個特色。第一，統整是課程組織的重要原則或規準。例如 R. Tyler 在《課程與教學的原理》一書中就把「統整性」視為有效的課程組織規準之一，指不同課程成份或要素之間的橫向關係（黃炳煌譯，1981）。

第二，統整是一種橫向的「聯結」、「關連」（correlation）、或「水平銜接」（horizontal articulation）。例如 Oliver（1977, 222-224）和 Ornstein 及 Hunkins（1988, 170-171）以「水平銜接」或「關連」取代統整，意指同時發生的兩個以上課程要素的安排。第三，統整是「有意義的」聯結或關連，亦即不同課程要素間的聯結或關連必須是有機的關係，而非無機的拼湊。

後現代主義和再概念化學派則跳脫「跑道」的名詞意涵，採取「奔跑」的動詞意涵，認為課程是動態的、開放的和溝通的，而且是無法事先規劃的（王紅宇譯，1999）。因此，課程統整不只是單純的組織技巧，在學習計畫中跨越不同學科領域，做外貌的改變或重新編製，而是學校教育目的和內容的方式，包括資源、課程、以及知識的應用（Beane, 1995）。

Beane（1997，x-xi）主張課程統整是師生共同規劃的歷程：（1）它被視為一種不涉及學科界線的課程設計，強調由教育人員和學習者合作認定重要的問題與議題，做為課程組織的中心，以促成個人與社會的統整。（2）在課程統整裡，主題是取自日常的生活和經驗。因此，學習者得以探索實際的議題，並從事他們認為需要的社會行動。在師生合作規劃課程的探究和行動中，既加深了學校中的民主意義，也重新界定了教室裡的權力關係，更對以學科專家和科層行政體制為重要知識之認定者的傳統觀念提出挑戰。（3）課程統整也包含將知識應用到具有個人和社會意義的問題和關注上。因而，不同學科之間的界線被消弭了，知識也被貯藏在問題與關注的脈絡裡。由於知識被應用在問題解決的層次和其他的應用方式，學習者必須經常從事報告或社會行動等方面的「應用知識」

（performing knowledge）。（4）由於課程統整強調參與式的課程計劃、脈絡性的知識應用、真實生活議題的主題、和統合性的課程組織，為不同的學習者提供寬廣的知識管道，同時也為他們打開更多的成功之路（單文經等合譯，2000）。

因此，統整被用來指涉一種特殊的課程設計，具有幾種特色（Beane，1997，8-9）：（1）課程係圍繞問題和議題來組織，這些問題或議題是在真實世界裡對個人和社會具有重要意義的；（2）規劃出與組織中心有關的學習經驗，以便將合適的知識統整到組織中心的情境裡；（3）知識是被發展出來的，且被用來處理當下學習的組織中心，而非為了未來的考試或升級；（4）重點置於實際應用知識的方案學習和其他的活動，藉以增進學習者將課程經驗統整到他們的意義體系，以及去體驗問題解決的民主歷程；（5）學習者參與課程的規劃，由於課程統整與較大的民主教育概念相聯結，學習者參與規劃他們自己的學習經驗必須成為課程設計的重要面向。如果統整的學習是重要的意圖，那麼就必須知道學習者如何架構出問題與議題做為組織中心，以及哪些經驗對他們有用。

後現代課程統整觀的支持者，特別是 Beane（1997）認為以學科或科目為基礎的統整，只是將不同科目教材加以拼湊成另一種形式的學科教材，並沒有把握統整的真正意涵。但是 Miller、Cassie 和 Drake（1990，6）則認為課程統整有不同層次，依序為：（1）傳遞層次（transmission level），學習的統整是經由不同科目內容的連結，例如在學習古希臘的歷史時，那個時代的藝術和文學也包含在內；（2）對話層次（transaction level），經由問題解決和探究途徑，促進學習的統整，例如在學習希臘時，教師提出一個問題，並允許學習者從不同科目和學科去探索解決；（3）轉化層次（transformation level），亦是透過問題探索的途徑，將創新包含在問題解決的歷程，因此教師必須允許學習者將資訊放在較大的社會情境或脈絡，主動尋求統整性的（integrative）學習。

傳遞與對話層次是以學科為基礎的統整，由教師擔任課程規劃者，因此傳統課程統整觀的色彩較濃。轉化層次則超越學科（transdisciplinary）或非學科（nondisciplinary）取向的統整，由師生共同或學習者擔任課程規劃者，較具後現代統整觀的色彩。

這三種課程統整層次未必是相互競爭或彼此衝突，而是相互交錯的，甚至可以是互補的。亦即，傳統的課程統整觀，將零碎的分科課程統合為具有聯結關係的教材，讓學習者能獲得整體的學習，做為學習者自我統整的基礎。當學習者能有良好的自我統整之後，由於學有所用，回過頭來又可以提昇學科課程的學習動機和興趣。

二、課程統整的途徑

根據上述課程統整概念的分析，課程統整的途徑也可歸納為兩大取向：其一，學科導向；其二，議題導向（Beane，1997，10-13）。學科導向的課程統整，始於確認不同學科或科目的身分，以及所要精熟的內容與技能；然後再確認主題（經常來自某個或另一個科目），以及思考「各個科目對這個主題有何貢獻？」的問題。

如圖 1 所示，這種規劃在選擇內容時仍保留分科的科目，學習者仍穿梭在科目與科目之間，藉以精熟各科所要精熟的內容和技能。如此一來，主題仍然是次要的事務，而不是學習的重心。學習是開始和終止於一個學科/科目的內容和技能。因此，知識是固定的，學習的先後順序是預定的。

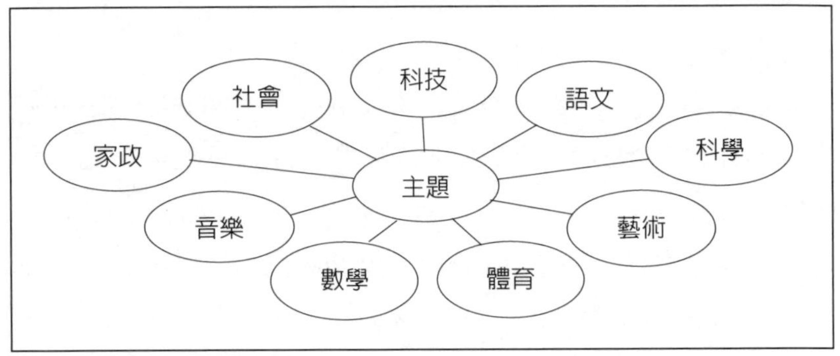

圖 1　學科導向的課程統整結構網

資料來源：Beane, 1997, p.12.

議題導向的課程統整是從中心主題開始，向外確認與該主題有關的「大觀念」（big ideas）或「概念」（concepts），以及可以用來探索這些概念的「活動」。如圖 2 所示，這種規劃旨在探究主題本身，並不考慮學科的界線。學習是由一個活動或方案到另一個，每個活動或方案所包含的知識是來自多方面的。換言之，學習是開始自和終止於問題和議題的組織中心。組織中心將知識加以情境化，並賦予重要的目的。因此，統整接受情境化的知識，其學習的順序是根據手上的問題。

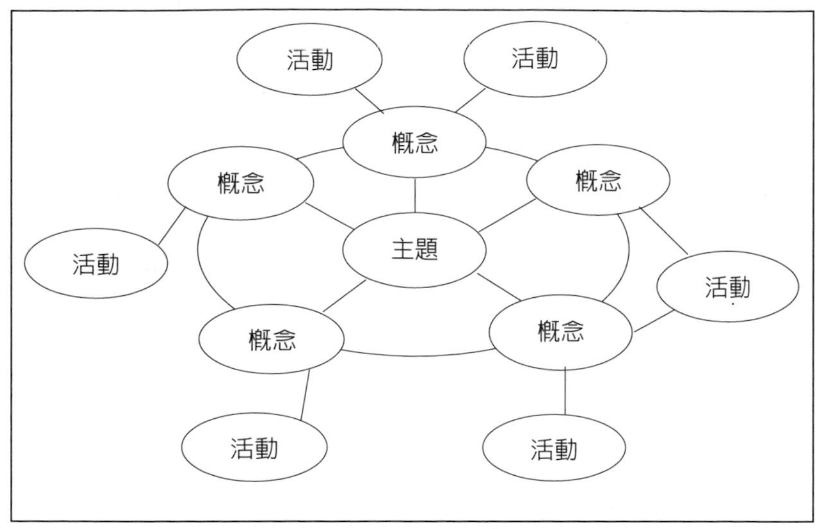

圖 2　議題導向的課程統整結構網

資料來源：Beane, 1997, p.11.

就目前國內學校的課程結構與教師的教學習慣而言，學校有固定的科目，教師和學習者仍然依賴教科書，若要教師拋開現行的各科教科書，另行取代以議題導向的統整課程，恐難達成。因此，若以議題導向的課程統整來彌補學科導向課程的不足。如圖 3 所示，學科導向的統整，旨在提供學習者從事主題活動的必要知識或技能。因此，教師可以主題的「活動 N」為「組織中心」，將各科教材統整為多學科、跨學科或科際整合的課程。議題導向的統整則根據主題可能涵蓋的概念，由師生或學習者規劃學習活動，讓學習者在活動過程中加以體驗和應用，並整合為各種學習和生活的能力。就幼稚園而言，由於課程大多為遊戲或生活，屬於統合的學習內容，適合採議題導向的統整途徑。如園所欲帶進學科或領域知識或概念，則可採圖 3 所示的整合途徑來設計教學。

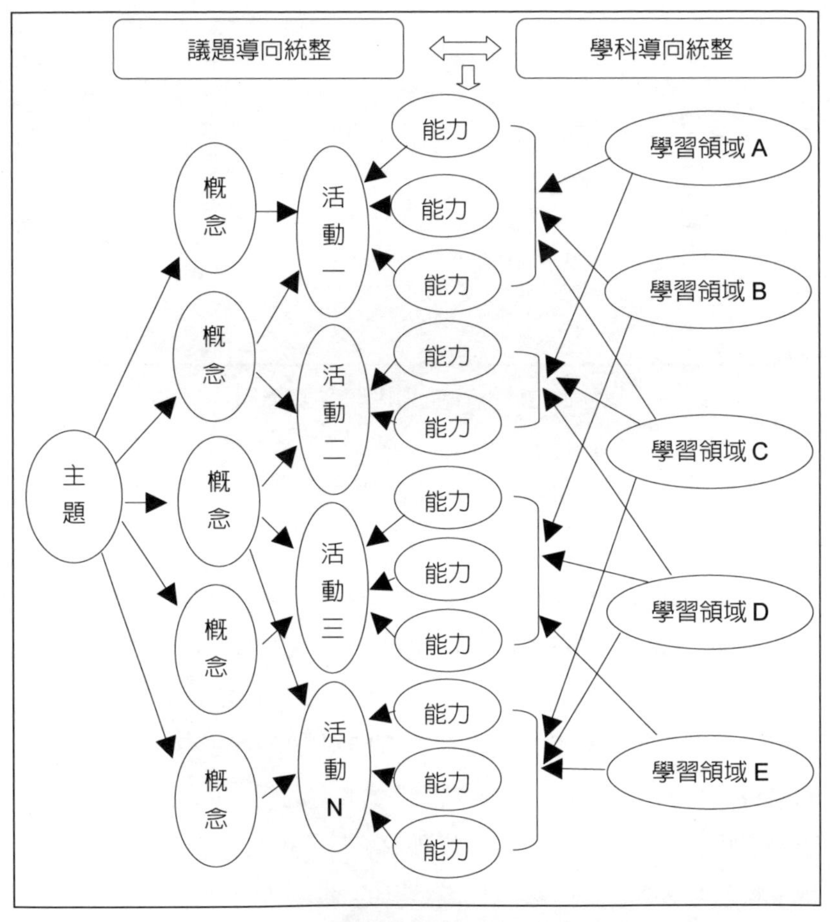

圖 3　結合學科導向與議題導向的整合途徑

資料來源：游家政，2002, p.185.

參、主題的功能與類型

「主題」一詞，有時用來指涉為「論題」或「話題」（topics），有時則指涉一種「認知結構」或「大觀念」。無論哪一種看法，應用在課程與教學領域，「主題教學或學習」經常被視為最普遍的一種統整形式或設計（Fogarty & Stoehr，1995，84）；甚至成為「學科間整合學習」（interdisciplinary learning）的代名詞，將主題作為課程的組織器（Meinbach，Fredericks & Rothlein，2000）。

一、主題的功能

主題是一種認知的結構，就像一種「透鏡」，可以透過它來看不同的教材，認識各種觀念、理論、和事物間的相互關係（Perkins，1989）。對學習者而言，它是一種強有力的工具，促進學習者有效地處理、存取已學的概念，預測進一步的發展，以及遷移到其他情境（Collier & Nolan，1996）。因此，主題扮演「催化劑」的角色：（1）它能吸引學習者的學習興趣，尤其當學習者有機會參與主題的選擇時，主題更能符合學習者的興趣；（2）主題讓學習更具關聯性，學習者得以了解學校或課堂內學習與校外生活事物之間的連結；（3）主題讓學習具整體性與情境性，學習者可以經由應用，從文本（text）遷移為情境（context），將學科內容自動地、有意義地統整到教室外的情境（Fogarty & Stoehr，1995，84）。

Meinbach、Fredericks 和 Rothlein（2000，8-9）即指出，主題教學對學習的益處：（1）更加關注學習過程，甚於學習結果；（2）打破人為的課程領域界線，提供統整的學習；（3）提供兒童中心的課程——其一為根據兒童的興趣、需求和能力，另一為鼓勵兒童自己做決定，並自我評量學習績效；（4）在教室內外刺激自我發現和探究；（5）協助青少年發展觀念或概念間的關係，強化認知和理解；（6）提供真正的機會給兒童去建立個別的資訊背景，以供發展新知識；（7）尊重個別的文化背景、家庭經驗、興趣層面；（8）透過第一手經驗和自我啟發的發現，刺激學習者創造重要的概念；（9）鼓勵和支持學習者勇於冒險；（10）透過各種學習活動和機會，使學習者發展更多的自我指導和獨立；（11）學習者理解活動和事件的原因（why），而非只是知道內容（what）；（12）鼓勵學習者從事開放的學習，甚於關注封閉性的學習；（13）兒童有充分的時間和機會去探討主題，以及從事反思的探究。

主題通常係對標題（title）、論題（topic）、概念（concept）、議題（issue）、或問題（problem）的一種總稱，做為課程設計上的「統合焦點」或「組織中心」（Vars，1987、1991）。對教師而言，主題是建構課程和蒐集教材的組織器，將相關事物串連起來，使成為一個有組織的、完整的教學方案。課程統整或主題單元經常以重要的問題或議題為組織中心，將學校課程和廣大的世界連結。當主題做為統合知識（unifying knowledge）的一種脈絡，已有的知識被做為手段，應用到組織中心的探索時，新的知識就被發展出來（Beane， 1997）。

Meinbach、Fredericks 和 Rothlein（2000，8-9）亦指出，主題教學對教師的益處：（1）有更多的時間可用來達成教學目標；（2）科目間、論題間、主題間能夠連結或的確存在的連結，可以被邏輯地或自然地發展出來，教師可以展示這些關係，並協助學習者理解這些關係；（3）學習可以被規劃為延伸的活動——不受限於教科書內容、時間界線、甚至教室的四面牆，教師可以協助學習者將學習機會擴展到個人生活的許多面向上；（4）教師可以放鬆課程的「控制」，並協助學習者意識到個體為學習機會的「擁有者」；（5）教師能自由去協助學習者從各種觀點看問題、情境或論題，而非教師手冊或課程指引經常揭示的「正確方式」；（6）透過主題教學可以促進和強化「學習者社群」的發展，競爭越來越少，取而代之的是越加重視協同與合作；（7）強化支持和鼓勵的環境，讓教師有各種機會去塑造合適的學習行為；（8）使評量更具整體性、真實性和意義性，提供更精確的學習者進步和發展的圖像；（9）更重視「教導」學習者，而非一昧地「告訴」學習者；（10）提供豐富的機會供教師將兒童文學統整到課程和生活的各個面向；（11）在一個論題的各個面向內，教師能促進學習者的問題解決、創造思考、與批判思考的過程；（12）教師可以提昇和支持兒童的自治和自我指導，讓學習者監控自己的學習；（13）透過主題單元的發展與實施，使教師成為學習者。

歸結上述分析，對學習而言，主題即一種認知結構，促進學習者對學習內容的理解和遷移；對教學而言，主題扮演課程的組織器或組織中心，將相關的教材貫串成完整的教學方案。若就教與學而言，主題單元甚至可視為一種擴展學習者學習機會和教師教學機會的「策略」（Meinbach, Fredericks, & Rothlein, 2000, 10）。它結合了結構的、順序的、和組織良好的活動、兒童文學和可用的材料，去擴展某個特定的概念。如果一個主題單元是多元學科的和多元面向的，它就能激發學童的興趣、能力和需求，尊重他們的發展性向和態度，並提供學習者逼真的活動場所（Meinbach, Fredericks, Rothlein, 1993, 6）。

二、主題的類型

主題的形式有很多種，根據其內涵、來源、產生方式、與學科的關係、統整途徑或策略、實施的層級等，可以分為幾種不同類型。

首先，根據主題的內涵，可分為：（1）事實性主題，以具體的事物作為主題，例如運動會或教師節等節慶、恐龍或紅樹林等動植物、火星或太陽等科學論題等；（2）概念性主題，則以抽象的概念為主題，例如關心、合作、變遷等概念；（3）議題性主題，例如校園暴力、登革熱等。事實性主題極為明確，教師和學習者均很容易掌握，但其所能涵蓋的知識範圍則較狹窄，較不需要跨越多種學科界線；若過渡關聯到不相干的學科，則反而顯得生硬遷強。概念性主題和議題性主題則涵蓋性較廣，較容易跨越學科界線，但跨越過多的學科反而會模糊焦點，流於零碎或形式。

其次，從主題的來源，可分為（Beane，1997）：（1）存在於個別科目或涵蓋於分科取向課程中的「論題」，例如殖民生活、交通、神話與傳奇等；（2）社會問題或議題，例如環境保護、衝突、教育等，常為進步主義教育者所使用；（3）學習者本身的議題和關心的事項，例如同儕相處、學校生活、生涯規劃、自我認同等；（4）學習者感興趣的事物，例如恐龍、小叮噹、泰迪熊、太空探奇等，從小學至中學都很受歡迎，通常包含數個方案和其他有趣的活動；（5）過程取向的概念，例如變遷、系統、循環等，可運用到每件事情上，而非特定的論題。各類型的主題並無絕對的優劣之分，而在於學習者學習上的需求與興趣、以及教學目標的達成。

第三，根據主題的產生方式，可分為選定的主題（selected theme）和萌發的主題（emergent theme）兩種，二者的區別在於主題的產生歷程（Fogarty & Stoehr， 1995，94）。選定的主題是從教材裡推演出來，或從一系列既定的主題庫中挑選出來。例如在「社會」的課堂裡，教師從課程內容中選出有關正義、權威、經濟、社區、變遷等主題，並鼓勵學習者從不同學科去思考。萌發的主題則從師生或學習者同儕的對話中孕育或引申出來的研究主題，通常為學習者感興趣或關心的議題，且不以學科為限或超越學科範圍。

第四，根據主題與學科的關係，可分為：（1）學科內的主題統整，主題的探討內容侷限在單一學科範圍；（2）學科間的主題統整，主題的探討內容包含兩個學科以上，採「多學科並列」或打破學科界線的「學科間統整」；（3）超學科的主題統整，主題的探討內容不受限於學科的範圍與界線。

第五，根據主題的統整途徑或策略，則其類型更為豐富與多元，除了以學科或超學科的統整外，還有「標準或能力」導向的統整（Jones，Rasmussen & Moffitt，1997）、以「故事」為組織中心的統整（Drake，1998）、結合「多元智慧」的統整課程（Fogarty &

Stoehr，1995）、或以「問題探究」或「問題解決」的主題學習（Clark & Agne，1997）等各種類型。

最後，若從實施的單位來看，就學校層級而言，可分為：（1）全校性主題，由全校師生和社區共同參與的單元；（2）全年級主題，由一個年級的師生共同參與的活動；（3）班級主題，為個別班級或數個班級師生參與的活動。各層級的主題，可以設計成延續整學期、數週或一週、甚至一天或半天的活動。Kovalik & Olsen（1994）則建議班級的年度課程計畫，可規劃為年度主題、每月的次主題和各週的論題。

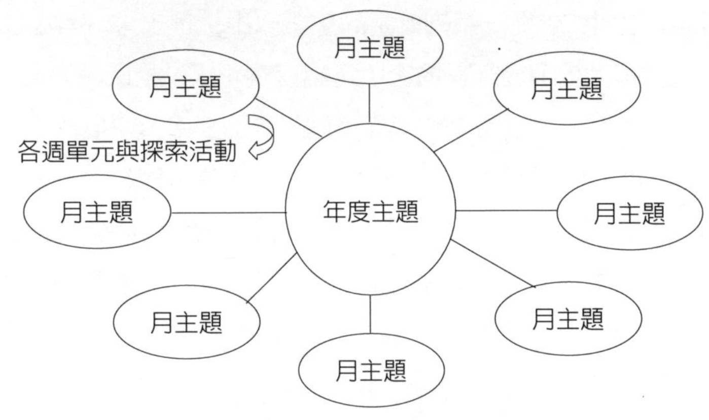

圖 7　統整主題課程計畫架構

資料來源：Kovalik & Olsen, 1994,140

各種類型的主題都有其特色與限制，因此在設計課程時，教師必須審慎考慮課程目標、學習需求與教學策略等，規劃合適的主題。

肆、統整主題單元的設計與實施

就像一般的課程或教學設計，主題單元也需要系統的規劃和組織，才能有效的達成教學目標。Collins（1993）根據 B. S. Bloom 的精熟學習模式，將主題單元的設計與實施分為：（1）計畫學習，包括決定學習者的輸出結果、根據州或學區課程指引去選擇學科目標、發展主題的單元、發展主題的論題和活動等項目；（2）管理學習，包括蒐集教材與資源、確認學習者必須精熟的概念或知識、腦力激盪論題可能的產出、發展探究的問題、進行單元教學等項目；（3）評鑑學習，包括發展評量工具和標準、發展矯正性作業和重新教學、表揚學習等項目。

Fogarty & Stoehr（1995, 91-2）建議六個設計與實施的要項，即 THEMES：（1）T 代表「思考主題」（Think of themes），以教師團隊腦力激盪方式，儘可能提出各種主題，並彙整成主題單，並邀請其他教師、學習者、家長提供意見；（2）H 代表「琢磨主題單」（Hone the list），將主題單的主題加以歸納為三大類：論題（topics）、概念（concepts）、和問題（problems），並從各類中各選出三個最適合的主題；（3）E 代表「評斷規準」（Extrapolate the criteria），反省並提出理由、原理或論述，說明主題的價值；以及發展規準，並依據規準加以評斷；（4）M 代表「操作主題」（Manipulate the theme），反省可能的問題，並將問題置於主題的焦點，然後再將問題修正為探究「如何」與「為何」的高層問題；（5）E 代表「展開活動」（Expand into activities），設計可實施的活動，並列出相關的學習事件，以及將多元智慧和相關的課程領域納入活動中；（6）S 代表「選擇目的和評量」（Select goals and assessment），描述目的和目標，並將活動連結到有價值的目的與目標，以及決定評量策略。

Meinbach、Fredericks 和 Rothlein（2000，15-33，65-84）分析美國各地教師的主題單元設計，認為有效而成功的主題單元設計，至少必須考慮六個基本面向：（1）選擇主題，從各種來源去選擇單元的主題，例如課程論題、議題、問題、特殊事件、學習者興趣等；（2）組織主題，決定單元的技能和目標、以及活動；（3）蒐集材料與資源，廣泛蒐集可用的書面資源、文學資源或網路資訊等；（4）設計活動與方案；（5）實施主題教學；以及（6）真實性評量。

本文根據 Meinbach、Fredericks 和 Rothlein 的架構，並參酌 Collins（1993）和 Fogarty 和 Stoehr（1995）的觀點，歸結出以下六個基本步驟：選擇主題、訂定目標、選擇材料與資源、設計學習活動、實施主題教學和評量。

一、選擇主題

教師和學習者選擇的任何主題必須具有持久性的價值，而且還必須具有豐富的潛在空間去涵蓋學科，使學科成為有意義的貢獻者。主題的選擇策略，必須以學習者需要學習的內容和方法為出發；亦即，選擇的策略不是基於事先預定的學習結果，而是基於一些潛在的可能，包括學習者的選擇、個別的主動進取、教師和學習者的協同合作、方案學習、和持久性的價值（Ellis & Stuen，1998，12）。

Clark 和 Agne（1997，80）提出七個思考的問題，作為選擇主題的參考：（1）所選擇的主題是否提供「連貫」（coherence），亦即它是否賦予焦點（focus）給單元裡的所有活動？（2）主題是否能幫助學習者了解學科間或技能領域間「有意義的連結」（meaningful connections）？（3）所選擇的主題是否符合單元的「廣度和深度」，亦即它能兼顧主題的完整性和深入的探究？（4）所規劃的活動是否能有效應用教學「時間」？（5）學習結果是否能獲得確認？使用的策略是否能真實展示所獲得的成果？（6）主題單元的活動是否提供學習者各種學習風格？（7）主題是否傳達一個清晰的、引人注目的目的給學習者、教師和家長，將觀念連結到行動、以及將學習連結到生活。

主題的發展有五個主要的步驟：（1）決定統整的起始點，將焦點至於學習者可經驗的世界，以及必須學會的基本技能和可用的上課時間；（2）思考學習者已具備的學習內容和能力，避免無意義的重複；（3）選擇學習者生活世界以及日常發生的事件做為課程的重要材料；（4）確認主題的概念是值得學習者關心的「大觀念」、議題或事件；（5）訂定主題的標題，除了要能表達主題的意涵之外，更要能連結學習者的舊經驗，吸引學習者的興趣，激發其學習的動機，引發其想像力。

二、訂定目標

主題單元的目標是學習者在學習活動結束後必須精熟的關鍵能力，包括最基本的、最重要的概念、技能和資訊。關鍵能力的首要功能在加強學習者察覺「模組」的能力，其次是提供教師一個清晰的焦點，協助其研擬教學計畫和編排教學活動。

優良的目標必須具備以下的特質（Kovalik & Olsen，1994）：（1）清晰、明確地描述基本上必須知道和可以應用或使用的；（2）加強學習者察覺「模組」的能力，並能對所學的內容產生意義；（3）為長期和短期課程與教學計畫提供清楚的方向；（4）值得學習者花時間去學的；（5）在一節課裡，只需花 11 至 16 分鐘內就能說明其要點，其餘時間則做為探索、發現的過程；（6）能應用到真實的世界和兒童的世界；（7）適合年齡的；（8）能利用當下的資源去學習；（9）較具概念性；（10）能明確地指引教師和學習者；（11）可做為評量的工具。

目標的發展步驟：（1）根據已有的知識和經驗，進行腦力激盪；（2）親自到所選的物理空間觀察；（3）檢視地區規定的課程範圍和順序；（4）到圖書館或上網查閱相關研究或資訊；（5）從學習者的觀點檢測初步的關鍵能力和必須學習的理由；（6）教師再次成為學習者，一方面吸取新知或觀點，一方面體會學習者的需求和可能發生的問題；（7）編選當下的材料並加以融合。

三、選擇材料和資源

主題單元可以包含許多材料和資源，旨在提供學習者豐富的機會去從事和體驗「手到、心到」的學習經驗。當學習者獲得積極的機會去建議資源時，他們就會努力去蒐集和運用這些資源。以語文為例，可能的材料和資源有：（1）書面資源，例如報紙、期刊、雜誌、文集、叢書、信件、地圖、字典、百科全書等；（2）視聽媒體資源，例如錄影帶、影片或電影、幻燈片、光碟、錄音帶、投影片等；（3）文學資源，例如兒童文學、故事、童謠等；（4）網路資源；（5）手工藝品或人工製品等。

良好的教材和資源之要件（Kovalik & Olsen，1994）：（1）能提供第一手真實世界的應用情境，並鼓勵學習者提出問題，和追尋答案；（2）能與關鍵能力明確連結——學習者可以應用和擴展關鍵能力，並顯示出其與真實世界密切結合；（3）能提供充分的機會讓學習者在各種真實世界的情境，應用關鍵能力的概念、技能和重要資訊，藉以確認學習者已成功發展心理方案；（4）能提供學習者真正的選擇機會；（5）能促進學習者發展多元智能；（6）值得學習者花時間去學。

四、設計活動方案

主題單元並不是隨機的活動拼湊，而是系統的探索活動，協助學習者欣賞和理解一個特殊論題或一般觀念。換言之，探索活動是課程裡的「什麼」（what）和「如何」（how）之間的步道，前者是學習的內容（關鍵能力），後者則是學生如何進行學習和應用這些資訊和技能。通常一個主題下會包含數個探索活動，其目的是提供實際操弄的機會，讓學生能夠發展「心理方案」，並進而建立行動方案，將概念、技能和重要資訊等關鍵能力，應用在真實世界的情境，以增進學習的積極性和可記憶性。

良好的活動方案之要件：（1）能提供第一手的真實世界的應用情境，並鼓勵學習者提出問題，和追尋答案；（2）能與關鍵能力明確連結——學習者可以應用和擴展關鍵能力，並顯示出其與真實世界密切結合；（3）能提供充分的機會讓學習者在各種真實世界的情境，應用關鍵能力的概念、技能和重要資訊，藉以確認學習者已成功發展心理方案；（4）能提供學習者真正的選擇機會；（5）能促進學習者發展多元智能；（6）值得學習者花時間去學。

以全語文為例，活動與方案的設計原則：（1）包含一種以上或更多的語文技能——聽、說、讀、寫等；（2）完整性（holistic）；（3）強調「心到、手到」的學習途徑；（4）跨越課程界線；（5）源於學習者的觀點和建議；（6）關注兒童文學和「真實世界」二者之間的關係；（7）允許學習者應用他們背景知識，並將其連結到正在學習的內容；（8）鼓勵學習者從事積極的生產性學習（相對於消磨時間的作業）；（9）持續的學習時段（一小時、一天或一週）；（10）兼具教導性和誘導性；（11）關聯到單元的普遍性論題、或某一本文學的特殊論題。

五、實施主題教學

主題教學不必然是一種「全有」或「全無」的假定，意即主題單元的實施不必然是一整天、一整周、或一整月，而是教學者可以根據他想要的方式、課程的內涵、時間的分量、學習者參與的程度等去做選擇，例如：（1）一整天的主題教學，並持續幾天；（2）

半天的主題教學，並持續幾天；（4）混合兩個或數個科目（例如數學與自然）進行主題教學，其餘科目維持一般分科教學；（5）選擇一個學科領域（例如自然、社會）進行主題教學，其餘科目維持一般分科教學；（6）一整天的主題教學，後續日子則為一般教學；（7）根據教科書或課程指引所提供的資訊或資料，進行主題教學；（8）以主題單元的方式讓學習者獨立完成教科書的習題。（9）班級間協同合作的主題教學；（10）在數週內，間歇使用主題教學。

六、評量

評量的主要目的在診斷問題與判斷績效，前者為課程設計與實施過程中的形成性評量，後者為課程實施後的總結性評量。評量的內容不限於知識或概念，而是從認知、技能和情意等多方面去蒐集資料。

探索活動的評量應採多元化的方式，包括紙筆測驗、觀察、問答、實做、表演、作品展示、學習單和檢核表等。實施方式可採團體、分組或個別進行，由教師評量、學生互評、學生自評、親子共評等。評量的向度則包含：（1）完整──是否依規定去做分配的作業？書寫作業或專題研究是否符合探索活動所描述的細節？是否反應在真實世界裡該年齡階段的表現標準？是否顯示個人的最佳表現和成就感？（2）正確──資訊是否正確？是否盡量使用最新的資訊？（3）綜合理解（涵蓋標題或概念）──是否儘可能完整地描述該標題？是否涵蓋議題的所有面向？是否有資源支持該資訊？是否能展現對內容的理解或加以解釋？

伍、統整主題單元的規準與評鑑

由於課程統整強調與兒童生活經驗的結合，它必須是情境本位的課程發展，由教師根據學校和班級的情境、社區期望、兒童需求與興趣、設備與資源的條件、教師能力和專長等，設計符合其學習者的課程。因此統整主題單元的評鑑，除了必須具備清晰、多樣性、關懷、溝通技巧、工作取向、教室管理和紀律等一般教學規準（張德銳等，1996），以及情境本位、以學習者為主體、教師即研究者、團隊合作、慎思與實踐、自我省思、群體對話、解決問題與專業成長等學校本位課程評鑑的規準（游家政，2002，223-236）外，還必須考量課程統整的規準。

Ackerman （1989）認為課程統整必須經得起「智識性規準」（intellectual criteria）和「實務性規準」（pragmatic criteria）的檢証。「智識性規準」分為：（1）學科內效度（validity within disciplines），確認每個學科所提供的概念，必須能適合科際整合的主題；（2）學科間效度（validity for disciplines），學習者在科際整合的學習某些概念，必須優於在各學科個別學習；（3）學科外效度（validity beyond disciplines），在課程統整的方案，除了涉及不同學科 之外，更須透過「組織中心」、「主題」或「中心軸」來連結，讓學習者獲得一種「後設認知」的能力。「實務性規準」則包括時間、經費和課表、政治性支持與個人關心等。

North Carolina Department of Public Instruction.（1987）針對課程統整取向的採用，亦提出四項「實務性」的規準，包括：（1）人員，教師必須能夠了解統整課程的益處，具備熱誠和承諾，願意參與團隊計畫；（2）時間，提供足夠的時間，讓教師計畫和發展統整單元；（3）資源，提供足夠的預算、人員和材料來支持課程發展；（4）設備，在統整課程的教學活動，教師必須利用較多的設備，包括專科教室、視聽教室、圖書館、禮堂等較大的空間，並鼓勵教師共享學校各種設施。

Strubbe（1990）則認為成功的統整單元必須具備以下的規準：有關連的議題（relevant topics），清楚的目的和目標（clear goals and objects），過程、結構、活動和分組的變化性或多樣性，學習者的選擇和參與機會、足夠的時間、團體合作、學習成果與經驗分享，社區參與等。

本文根據「主題教學」的特性，以「統整」為核心，並參酌上述「智識性」和「實務性」規準，歸納為「統整主題單元評鑑規準」，分為系統性、主體性、參與性、完整性、認知性、實踐性和成效性等七個向度，計 20 項規準（參見附表）。

1.系統性

學校（／園所）課程有不同的層次，就組織架構而言，可分為學校願景和課程目標、學校總體課程方案、年級課程計畫、班級課程計畫、學科（或科目）教學計畫；就時間而言，則可分為學年度計畫、學期計畫、月計畫、週計畫、日課表等。因此，任何學校課程統整方案的規劃或主題單元的設計，必須符合以下三項規準：實現「學校願景與目標」、與其他年級課程的「縱向銜接」、與同年級課程的「橫向關聯」。

2.主體性

課程統整強調學習者的主體性，所設計的主題單元必須符合以下三項規準：以「學習者關注的議題」為主題、提供生活化的「學習情境」、激勵學習者「主動學習」。

3.參與性

若教育即生活，那麼課程統整就是民主生活的一種教育方式；因此主題單元設計必須符合以下三項規準：師生「共同設計課程」、不同專長教師「協同合作」、學習者「小組合作學習」、充分應用「社區資源」。

4.完整性

課程統整以議題或問題做為組織中心或主題，因此主題單元的內容必須符合以下二項規準：跨越學科界線的「概念整合」學習、「完整的」行動經驗。

5.認知性

在統整主題單元（科際整合）的學習，個別學科和科際整合學習必須符合三項認知性規準：「正確的」知識或概念、「必要的」科際整合的學習、「後設認知」能力的獲得。

6.實踐性

課程統整提供生活化或情境化的學習，讓學習者能探索、體驗與應用知識，因此主題單元的活動必須符合「應用所學解決問題」和培養「生活與學習能力」。

表 1　統整主題單元設計評鑑表

規準		符合程度	說明或列舉事實
系統性	（1）導向學校願景和課程目標的實現	4-----3-----2-----1	
	（2）能與其他年級課程（含活動）具有縱向銜接性	4-----3-----2-----1	
	（3）能與同年級其他課程（含活動）具有橫向關聯性	4-----3-----2-----1	
主體性	（4）以學習者關注的個人議題與社會議題為主題	4-----3-----2-----1	
	（5）以學校、社區或社會為學習情境	4-----3-----2-----1	
	（6）激發學習者主動自勵的學習	4-----3-----2------1	
參與性	（7）教師和學習者共同設計課程	4-----3-----2-----1	
	（8）結合不同專長教師組成教學團隊進行協同教學	4-----3-----2-----1	
	（9）提供小組合作學習的機會	4-----3-----2------1	
	（10）充分應用各種社區資源	4-----3-----2-----1	
完整性	（11）跨越學科界線的概念整合學習	4-----3-----2-----1	
	（12）學習活動包含規劃、執行與檢討等完整的行動經驗	4-----3-----2-----1	
認知性	（13）提供正確的知識或概念	4-----3-----2-----1	
	（14）提供必要的科際整合的學習	4-----3-----2-----1	
	（15）獲得後設認知的能力	4-----3-----2-----1	

實踐性	（16）應用所學知識實際解決生活或社會的問題	4-----3-----2-----1	
	（17）培養民主生活與學習能力	4-----3-----2-----1	
反省性	（18）應用多元方法檢核單元學習目標的達成	4-----3-----2-----1	
	（19）真實反應學習的過程與結果	4-----3-----2-----1	
	（20）提供分享與反省的學習機制	4-----3-----2-----1	
其他		4-----3-----2-----1	
		4-----3-----2-----1	
		4-----3-----2-----1	

備註A：「4」代表完全符合、「3」代表大致符合、「2」代表大致不符合、「1」代表完全不符合。 B：「其他」欄，填入評鑑者認為重要的項目。

7.成效性

課程統整注重學習的成效，必須提供多元化的評量機制，真實反應學習的過程與結果，並鼓勵相互分享與回饋，評鑑的規準包括：「應用多元方法檢核單元學習目標」、「真實反應學習的過程與結果」、「提供分享與回饋的學習機制」。

8.其他

除了以上 20 項規準外，主題單元的設計者或評鑑者也可以根據需要，增列自己認為重要的規準。

各項規準的評定標準分為「完全符合」、「大致符合」、「部分符合」與「完全不符合」四個等級（如表 1）。評鑑方式可由設計者自評，或採同儕互評。

陸、結語

主題單元並非簡單的隨意活動之拼湊、或「大鍋菜」式的跨課程（cross-curriculum）專題，而是提供一種認知結構或組織中心去統整學校課程，以及做為一種教學策略去擴展學習者學習機會和教師教學機會的課程設計。由於主題的形式有很多種類型，且其規劃與實施涉及選擇主題、訂定目標、選擇材料與資源、設計學習活動、實施主題教學和評量等六個基本步驟；因此在課程設計時，教師必須審慎考慮系統性、主體性、參與性、完整性、認知性、實踐性和反省性等規準。

歸結以上的分析，本文提出以下七點建議：（1）主題單元的設計與實施必須建立在學校或園所整體課程的基礎上，透過全體教師共同討論課程或教學方案的機制，藉以兼顧縱向銜接與橫向關聯，並導向學校或園所願景與目標的達成。（2）主題單元的設計與實施應以學習者為主體，透過真實的生活情境去激發學習者主動自勵的學習。（3）主題單元的設計與實施應包含民主參與和協同合作的過程，在選擇主題、設計活動、或實施教學與評量時，除了各種專長的教師協同合作和學習者小組合作學習外，應提供更多的機會讓學習者參與，並增加社區資源的應用。（4）主題單元的設計與實施應讓學習者獲得完整的學習，教師在設計單元時可透過「概念分析」的方式，隨時檢視單元內容的概念是否能完整涵蓋主題，以及活動的內容與過程、各活動之間是否具有邏輯性。（5）

主題單元所包含的知識概念與統整方式應符合認知性，教師在選擇統整的教材或範圍時，應考慮學習的效益，避免流於形式上的統整；學習活動的設計，則多激發學習者思考或反省「為何學習」和「如何學習」。（6）主題單元所提供的學習活動應能注重「能力」培養的目標、以及「問題」發現與解決的真實情境，並激發學習者統合運用各種知識去解決生活和學習的問題。（7）主題單元的評量應能使用多元評量，並提供成果分享與回饋的機制，鼓勵學習者相互觀摩學習，真實反應學習的過程與結果。

參考文獻

王紅宇譯（1999），William E. Doll 著，後現代課程觀。台北：桂冠。

張德銳等編著（1996），發展性教師評鑑系統。台北：五南。

教育部（1987）。幼稚園課程標準。台北：教育部。

單文經等合譯（2000），J. A. Beane 著，課程統整。台北：學富。

游家政（2002），課程革新。台北：師大書苑。

黃炳煌譯（1981），R. W. Tyler 著，課程與教學的原理。台北：景文。

黃政傑（1997），課程改革的理念與實踐。台北：漢文。

實戶健夫（2005）。日本的學前教育保育課程及其課題。2005 年幼兒教育學術交流研討會，幼稚園課程創新與教師專業成長。台北：康軒。

Ackerman, D. B. (1989). Intellectual and practical criteria for successful curriculum integration. In H. Jachobs (Ed.) Interdisciplinary curriculum: design and implementation (pp.25-38). Alexandria, VA: ASCD

Beane, J. (1997). Curriculum integration: Designing the core of democratic education. New York: Teachers College Press.

Clark, J. H., & Agne, R. M. (1997). Interdisciplinary high school teaching: Strategies for integrated learning. Boston, MA: Allyn and Bacon.

Collier, S., & Nolan, K. (1996). Elementarys' perceptions of integration. Paper presented at the Annual Meeting of the Mid-South Educational Research Association (Tuscaloosa, AL, November 7, 1996). From ERIC ED405328

Collins, S. (1993). A study of the thematic integrated curriculum (TIC) of the focus 2000 program. A doctoral degree of philosophy, Western Michigan University (unpublished). UMI Dissertation Service.

Drake, S. M. (1993). Planning integrated curriculum: The call to adventure. Alexandria, VA: ASCD.

Drake, S. M. (1998). Creating integrated curriculum: proven ways to increase student learning. Thousand Oaks, CA: Corwin Press

Ellis, A. K., & Stuen, C. J. (1998). The interdisciplinary curriculum. Larchmont, NY: Eye on Education.

Fogarty, R., & Stoehr, J. (1995). Integrating curriculum with multiple intelligences, teams, themes, & threads, k-college. IL: IRI/Skylight Publishing, Inc. (EDRS ED383435).

Good, C. V. (Ed.). (1973). Dictionary of education. NY: McGraw-Hill.

Jacobs, H. (Ed.). (1989). Interdisciplinary curriculum: Design and implementation. Alexandria, VA: ASCD.

Jones, B, F., Rasmussen, C. M., & Moffitt, M. C. (1997). Real-life problem sliving. Washington, DC: American Psychological Association.

Kovalik, S., & Olsen, K. (1994). ITI: Integrated thematic instruction (3 rd. ed.) From EDRS ERIC ED374894.

Meinbach, A. M., Fredericks, A., & Rothlein, L. (2000). The complete guide to thematic units: Creating the integrated curriculum. MA: Christopher-Gordon

Meinbach, Fredericks, Rothlein, 1993

Miller, J. P. (1996). The holistic curriculum (revised and expanded edition). Toronto, Ontario: OISE Press.

Miller, J. P.; Cassie, J. R. B.; Drake, S. M. (1990). Holistic learning: A teacher's guide to integrated studies. Toronto, Ontario: OISE Press.

National Association for the Education of Young Children. (2004). Where we stand: On early learning standards.

980828 http://208.118.177.216/about/positions/pdf/elstandardsstand.pdf

National Council for the Social Studies. (1994). *Expectations of Excellence: Curriculum Standards for Social Studies*.

980828 *http://www.socialstudies.org/standards*

National Council of Teachers of Mathematics. (1989). *Principles and Standards for School Mathematics*. 980828 http://www.nctm.org/standards

North Carolina Department of Public Instruction. (1987). *Integrated learning: What, why, how*. ERIC Document Reproduction Service, No. ED290 759.

Oliver, A. I. (1977). *Curriculum improvement (2nd ed.)*. NY: Harper & Row.

Ornstein, A., & Hunkins, F. P. (1988). *Curriculum: Foundations, principles, and issues*. Englewood Cliffs, NJ: Prentice Hall.

Perkins, D. N. (1989). Selecting fertile themes for integrated learning. In H. Jacobs (Ed.) *Interdisciplinary curriculum: Design and implementation* (pp.67-76). Alexandria, VA: ASCD.

Strubbe, M. (1990). Are interdisciplinary units worthwhile? *Middle School Journal*, 4, 36-38.

Vars, G. F. (1987). *Interdisciplinary teaching in the middle grades: Why and how*. Columbus, OH: National Middle School Association

Vars, G. F. (1991). Integrated curriculum in historical perspective. *Educational Leadership*, 49(2), 14-15

幼稚園創新教學理念與實務經驗分享一

——閱讀花園與創造繪本 FUN 一起

蔡淑娟

高雄市立前金幼稚園教師兼教保主任

壹、緣起

一、主題的誕生～戲說從頭

在「頑皮家族」主題進行當中老師引介了許多與主題相關的繪本，希望透過繪本的配合來豐富教學活動的多元性，讓孩子們在獲得知識性概念的學習上有不同過程及經驗，因為老師相信閱讀是孩子進入與理解知識世界的另一扇門，在圖畫書的想像世界中建立閱讀的意義，老師更希望透過和圖畫繪本對話的建構歷程，讓孩子們能經由閱讀的概念成為一個可以詮釋和表現形式的能力，並藉由生活經驗做為搭建理解的橋樑。

閱讀世界中孩子有權利用自己的詮釋來建構學習與塑造，並與世界溝通，只要能符合兒童認知經驗、主題意義深遠的圖畫書，兒童都能結合自身經驗去建構意義，並對書中主題有合理的瞭解與推理，而且能掌握圖畫書中圖、文特殊的表現方式，何應傑（2002）。艾瑞卡爾的「好餓好餓的毛毛蟲」是孩子相當喜歡的繪本之一，對孩子而言，它是一種文學也是一種遊戲。文學是作家創作的世界縮影，老師深信孩子是有能力成為一個有價值的閱讀者與創作者，就是這樣的一個簡單楔子，孩子開始有了創作的動機。

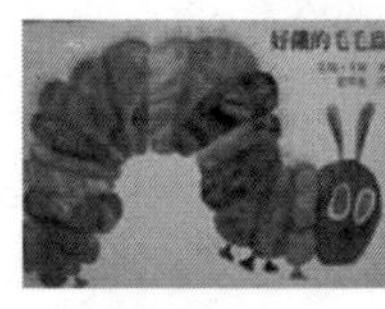

以繪本閱讀、影片欣賞及預測結果作為呈現活動的方式，搭配肢體律動創作更活絡教學內容，並帶領孩子以視覺藝術角度去欣賞繪本風格，延伸醞釀小書創作活動。

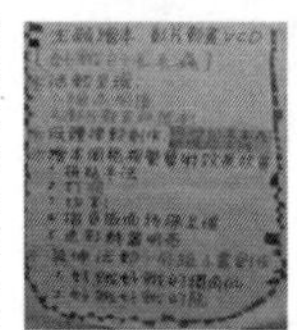

二、創作的天空～好餓好餓的……

一開始老師運用孩子逐漸熟悉的概念做為追隨想像的動力推手，畢竟從閱讀到創作的過程是建構理解文本與回應文本的歷程，因此，淑娟老師將自己創作的「蝸牛的彩虹屋」繪本與孩子們分享，簡單的文字內容，孩子很快的就能跟上老師的腳步，藉由老師對繪本不斷反覆的一讀再讀，等待中孩子有了新的發現，也就進入了有計畫、有彈性的互動學習的創作流程。

用棉花棒創作的點畫繪本很吸引孩子的興趣！

好特別的故事喔！聽了還想再聽耶

我們計劃先分兩組共同創作二本故事書，孩子提出許多創作的書名，最後我們以舉手表決方式將書名定為——「好餓好餓的獨角仙」及「好餓好餓的熊」。有了書名，最困難的該是文本內容吧！老師一再敘說故事內容及提醒應注意的事項之後，經過一段時間的等待。終於！李涵和芊穎各起了一個頭，說出自己的想法，也引發了兩組孩子的想像，看到孩子如泉水般湧出的獨特思維，讓老師好開心啊！趕緊幫孩子的想法寫下來，就怕漏了最精華的隻字片語。

透過不斷的對話與討論來激發孩子創作的思緒及靈感

噓……創作是需要空間思考的別打擾我們啦！

ㄟ……我想想！應該還可以加一些什麼東西呢？

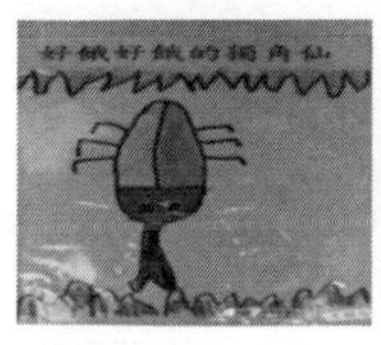

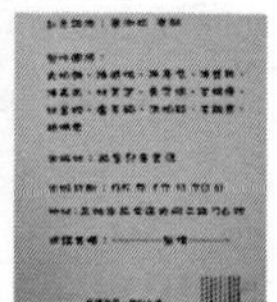

三、作的天空持續發亮著……

經過一次成功且愉快的團體創作之後，孩子心滿意足的帶回兩本繪本與爸爸媽媽分享，儼然像個說故事高手似的，而家長針對孩子的第一次創作不僅給寶貝極大鼓勵，也對繪本創作課程給予肯定的回應，因此，在孩子的創作思潮被激發的同時，老師就順勢讓孩子進入另一次團體創作的活動。

猶記孩子對於自己想養寵物的渴望，有時因一些現實狀況而無法如願，甚至家長也希望透過老師與孩子的對話去澄清養寵物的種種困難及義務責任。因此，老師決定讓孩子將這樣的心願藉由文學圖畫創作中去滿足，讓孩子畫下自己希望養的寵物及與寵物之間的互動情形，甚至當中也帶入孩子的語彙及表達能力，尤其當老師將孩子的畫集合成一本寵物小書後，孩子的眼睛各個發亮看著第三本屬於他們的繪本小書，不僅抒發自己內心社會性情緒，也去分享其他小朋友心愛的寵物書喔！

→將活動過程記錄下來的經驗圖表，可以幫助孩子加深整個活動

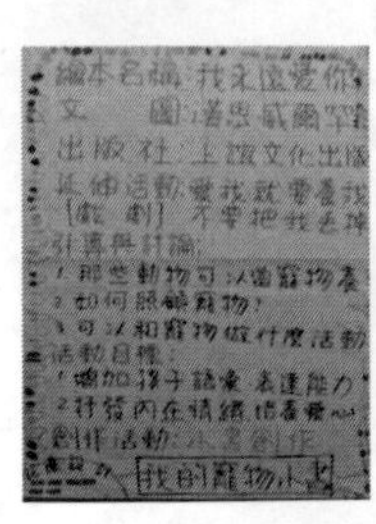

孩子大方上台分享自己畫的寵物書

YA！孩子的寵物小書又完成了

根據研究 3~8 歲是培養閱讀能力的關鍵期，文建會也將 2000 年定為「兒童閱讀年」，教育部也將「兒童閱讀」列為長期的教育政策。閱讀是學習的基礎，也是一項有趣的活動，語文學習領域中的閱讀，是繪本教學的重點，老師也期待透過與繪本的對話培養孩子獨立思考的能力，更是生存在終身學習時代的孩子必須具備的基本能力。以下乃我個人將繪本教學的優勢點帶入教學中的理念，更是我在繪本選擇的方向與實施教學的原則：

1. 選擇適合幼兒閱讀的繪本，每頁的文字字數少，希望透過繪本的閱讀培養幼兒精、簡、練、達的語言表達能力，進而匯聚成熟的語句結構，以期能運用在日常生活當中。
2. 藉由繪本的多樣題材接觸，激發孩子延伸創意想像的窗口，讓孩子的原創意得以重新被啟發。
3. 注意句子的結構，以簡單、反覆性高為原則，讓孩子在閱讀過程中接受美學薰陶、欣賞插畫、使用媒材及營造手法。
4. 藉由繪本教學的帶領，活潑教學方式，轉化日常生活中的多面向觀點，拉近師生彼此距離。

貳、課程活動目標

1. 提升幼兒對主題繪本有濃厚的閱讀興趣及表現
2. 培養幼兒具備有深度閱讀繪本的能力
3. 增進幼兒對繪本插圖及文字具有審美觀與理解能力
4. 嘗試將視覺藝術與圖像語言融入繪本創作

5. 建立幼兒發揮合作協調、解決問題的能力完成繪本創作手工書
6. 提供幼兒體會新書發表會活動對個人參與工作的意義

參、跟著孩子的 FEEL 走

每個人的童年都在「幻想與色彩」中長大，圖畫故事書對幼兒的意義不只是故事，當幼兒可以和圖畫故事書做朋友時，便意味著他們開始有因果關係的概念，可以欣賞結構連貫完整的故事，也可以學習瞭解「角色」、「場景」、「主題」等文學概念以及書的基本形式，透過美麗的圖畫形式，許多故事就出現了很不同的面貌，也讓人更捨不得離開、放下。繪本是一個很好的教學媒介，如同佛法所講的「善巧方便」，繪本就是一種善巧方便，運用這種以「講故事的方式為教材」，帶領幼兒在故事結構分析中用討論方式促進思考，對幼兒的成長、發育、智慧、學習都是很重要。

圖畫書是讓幼兒接觸這個世界的一個很好媒介，而我自己除了喜歡引介繪本融入教學外，也感觸到：就是「一本特別的兒童繪本將會如何觸動孩子的反應心旋，甚至展開一個有趣的教學主題」(古瑞勉譯，2004）。因此，在「繪本實作與教學」活動一開始，教師嚐試介紹郝廣才、陳致元及林小杯三位作者的繪本，透過閱讀、討論與分享帶領孩子去欣賞繪本的插圖及詞彙之美外，更在活動展開與進行中，同時發現孩子是真心「喜歡的」、「需要的」，希望能透過實際操作及體驗探索加深孩子對所學事物的印象，因為這關係到孩子學習的真實性與實用性，如果學習活動是以幼兒為中心當出

發點，並符合幼兒現在、過去的經驗，甚至能與幼兒未來的需求相連結，那麼在學習活動中，針對孩子感興趣的主題活動，展開一連串的教學，幼兒也就能夠以最踏實的學習過程一步一腳印獲得最真實的知識與技能，而我們更深信：對孩子的創意接受度在哪裡！課程發揮的舞台就在哪裡！

繪本當中的文字與插圖確實有著一股無可取代的魔力及影響力，透過閱讀、賞析與討論，它可以跨越年齡、時空、氛圍去觸動孩子小小內心世界的琴弦，流露出屬於孩子最真的情感，對於三本極具親近孩子生活經驗的繪本，孩子雀躍的心似乎整個都融入在林小杯的「我被親了好幾下」繪本中，「一個小孩和一隻狗」想必是真的觸動孩子的心弦及探究的興趣了，那麼！我們決定就跟著孩子的 FEEL 走吧！

肆、重返回憶的隧道：見證繪本的魔力 ～走進林小杯的創作軌跡與作者對話

我國著名教育家陶行知先生曾說：6 歲之前是人格陶冶的最重要時期。（引自趙忠心，1994），因此，在繪本世界裡只要教師給

予適當引導，幼兒便會開啟一個個不同的視窗，也能感受與接收作者所要傳達的密碼，因此翻開每一本不同面貌的圖畫書，書裡充滿創意的故事，就在這繽紛花房於春天綻放的同時，帶領幼兒走進充滿驚奇與趣味的探險！這也是繪本的魔力。（96 年 3 月 8 日日誌）

順著孩子閱讀喜好取向，我們以林小杯一系列的繪本作為創作課程的閱讀主軸及延伸，為了讓孩子對林小杯這一個繪本文學作家有更深一層認識，教師以「第一次認識林小杯——林小杯大記事」來作為教學活動的楔子，透過教師的介紹，開啟孩子與作者對話的窗口，展開深度閱讀的第一步。尤其當教師將林小杯創作繪本系列呈現在孩子面前時，孩子以熟悉的口吻說：「這是林小杯寫的書」、「這三個字就是林小杯」、「這是她養的小狗狗」、「這是她小時候照片」、「她說台東有溫泉可以泡、有海可以看、有小山路可以散步」……。在孩子共同表決閱讀順序後，教師和所有孩子們就這樣搭乘我們的探索繪本文學的列車，開向林小杯繪本創作軌跡的第一站——「我被親了好幾下」。

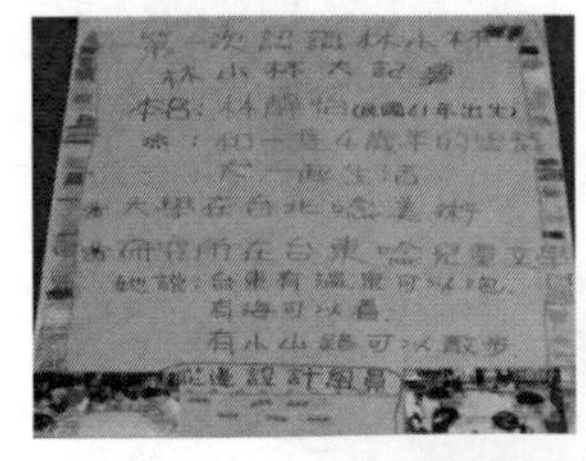

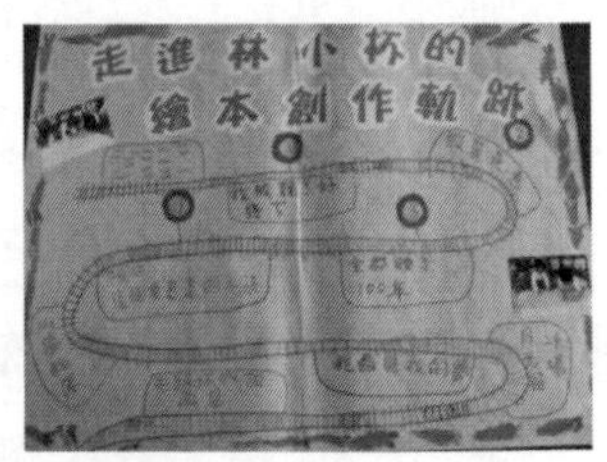

運用這種以「講故事的方式為教材」，帶領幼兒們一起在故事結構分析中，引導幼兒用討論方式促進思考，在主題繪本教學呈現

過程中，秉持著共讀繪本的基本精神，在共讀繪本到創作的歷程當中，則以閱讀→討論→思考→述說→決定書名→協助書寫記錄→繪畫創作→再閱讀與聆聽的循環原則進行，作為教師和孩子系統性的互動，透過繪本「文圖合作」的方式，幫助孩子用他們能夠接受的方式去理解，讓他們對文字的感受不再只是單層表面上的含意。透過這樣的練習來幫助孩子去掌握及體會那種眼睛看不見的東西，在學習的歷程裡想像無限、機會無限、創作的歷程就能充滿創意的被實現。

因此在繪本導讀原則方面以下列方式進行：

1. 繪本封面的呈現與欣賞
2. 作者介紹
3. 出版社概述
4. 故事大綱與活動呈現，包含：
   (1) 故事賞析
   (2) 團體討論
   (3) 延伸活動（戲劇、音樂律動、扮演想像遊戲）或延伸相關繪本閱讀
   (4) 進行主題繪本閱讀紀錄單
   (5) 創作繪本呈現（分為小組或團體創做繪本逐頁呈現）
   (6) 活動後記與迴響
   (7) 活動廣角鏡
   (8) 孩子分組參與設計海報花邊
   (9) 創作繪本的閱讀與分享

伍、聽故事時光：啟動共讀與創作繪本的列車（共讀共作新樂園及遊戲於繪本藝術創作）

講故事的方法各有千秋，圖畫書裡面可以引導幼兒做很多不一樣的想像，不必用一元化的思考模式去規範幼兒的反芻行為，從孩子閱讀發展的觀點來看，明白了繪本圖畫書和幼兒的原始關係，這些用故事的形式做有系統的設計和穿插社會互動概念、思考語文表達規則，這是一個學習過程，更能開啟閱讀新視野及享受共讀繪本的樂趣，目標是期望孩子能透過有系統的符號表達來發展他們的智力，使用視覺與圖像語言來表達對世界的探索或理解是最直接有力的。

「繪本」能帶領幼兒運用豐富的想像力、色彩，超越眼前的限制，進而萌發智慧的視野，所以欣賞繪本是一種享受。在幼兒可塑性最高的時候，給予適當的繪本教育是非常重要的，而繪本結合真善美三大重要元素，透過文學賞析開啟與作者的對話，這也是繪本迷人的魔力，並期望建構發展出有利於幼兒創造力的教學，讓幼兒能隨心佈局、隨手塗鴉，展現出幼兒的創作原意。

一、第一站月臺：我被親了好幾下（繪本與語彙的邂逅）

林小杯的「我被親了好幾下」和生活經驗的擴充搭建有非常貼切的吸引力，繪本中提供許多文字組合創造機會的可能性，「親」和「被親」也讓孩子在詞彙交替有了新建構的大發現，雖然還沒有發現書裡頁與頁之間故事整體性的秘密，但孩子卻已能大方表達「被親」的感覺及可以代替關心和愛的其它方式：像是「抱抱」、「摸」、「微笑」、「牽手」等。爾後，「我被梳子抱了一下」、「吹風機親了我頭髮一下」……等類似的話語就此不斷在 9 班教室中出現，有時還令老師相當驚艷呢！

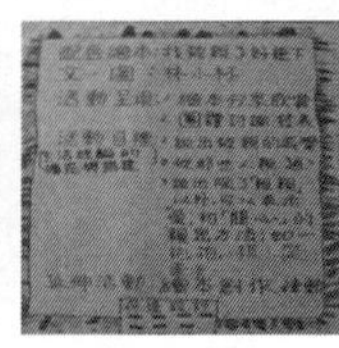
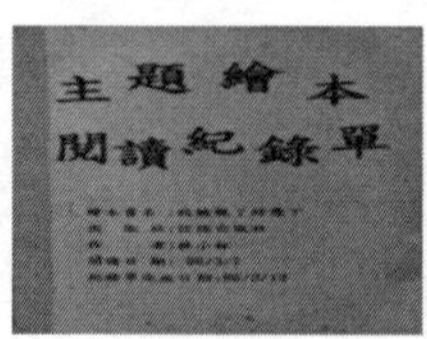

經由重複的閱讀繪本，圖畫書帶領幼兒走進充滿驚奇與趣味的探險，開啟閱讀新視野及享受共讀繪本的樂趣，透過有系統的符號表達來發展他們的智力，使用圖像語言來表達對世界的探索，把畫面轉化成語言的能力，就是所謂的「想像力」，延伸出來的想像空間卻是非常豐富的。這樣的想像空間結合音樂律動，也開啟孩子們的創作動機，在孩子決定好書名後，一本本圖畫線條與文字都十分簡潔且極富童趣的繪本創作：「我被抱了好幾下」、「我被摸了好幾下」即將誕生。

二、第二站月臺：假裝是魚（當繪本遇上遊戲）

「假裝是魚」是一本將人性中原有的、想要親近自然與動物的渴望帶入繪本的圖書。故事中使用了很多「假裝」的遊戲。「遊戲」是孩子生活中不可獲缺的學習元素，福祿貝爾主張『幼兒的遊戲始於快樂、終於智慧』顧名思義，孩子們能夠在快樂的遊戲情境中學習，進一步達到增長智慧的目的。而孩子從閱讀討論中所懂的有時是成人無法理解的部份，因此「迷路的鯨魚如何回家？」、「風會把信傳給鯨魚媽媽嗎？」「鯨魚媽媽收的到信嗎？」成為孩子與老師討論的熱切話題。

對幼兒來說，想像與事實之間的界線是存在著一個需要釐清的模糊空間，因此，老師運用扮演想像遊戲的元素讓生活與教學結合，讓「肢體展現藝術」走進教學中，而對孩子來說，參與建構想像的肢體呈現活動是一件快樂新體驗，加上表演行為本來就充滿煽動性的戲劇效果，而我們希望這樣的教學活動能讓孩子深入體驗表演的趣味性並大方樂於參與，更是無心插柳的成就了一充滿預測的繪本創作——「假裝是……」。

三、月臺外的驚鴻一撇
～「一陣風挑起孩子的創作思緒」

一讀再讀、不斷反覆閱讀是我們 9 班老師和孩子進行繪本教學中必要的活動。在 4 月 14 日午後，當老師正在重複閱讀孩子的創作小書「假裝是……」時，從教室走廊吹進來一個塑膠袋，落在孩子的面前，奕伶：「風來了，塑膠袋飛起來了」，老師立即問：「那然後呢？」就這樣，孩子的創作思緒被飛起來的想像挑動著。（96 年 4 月 14 日日誌）

孩子開始討論著「如何感覺到有風？」他們七嘴八舌的說：衣服在飄表示有風、頭髮在飛、樹葉在搖、風鈴在響、裙子在飛、人走路會歪歪的……。雖然可以從許多現象感覺有風的存在，但孩子也提出風吹起來有不同的感覺，因此我們決定用線條來表現「風的樣子」，孩子個個都躍躍欲試想把心中屬意風的面貌用線條呈現出來呢！接著孩子就不同風的線條圖案表達對風感覺：發抖、硬硬的、安靜的、冰冰的、可愛的風……等。可見，孩子對自然界的感受充滿了豐富的聲音。

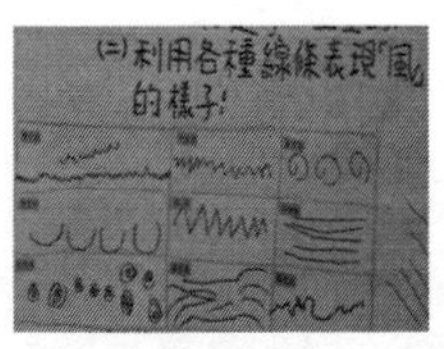

俗語說：「人生如戲，戲如人生」，在學前教育階段戲劇活動也是增進幼兒語彙及社會性行為的教學方式。林玫君教授（2003）

提到透過戲劇扮演的活動能讓幼兒用同理心實地去了解自己和他人的處境，在實際操作中學習使用創造性思考力去面對需要解決的問題，但是從孩子的生活當中建構意義，是一件複雜的工作，因此教師必須透過持續的反省，那些是孩子的生活中極具意義的經驗、信念和價值讓。因此，老師想以「教室戲劇」這樣的元素做為活動的延伸，而「飛起來了」的繪本團體創作也孕育而生，讓老師開心另一件事是：孩子開始對自己成為一個故事創作者的作家身分自居，嘗試以更不同且多元方式來呈現喔！

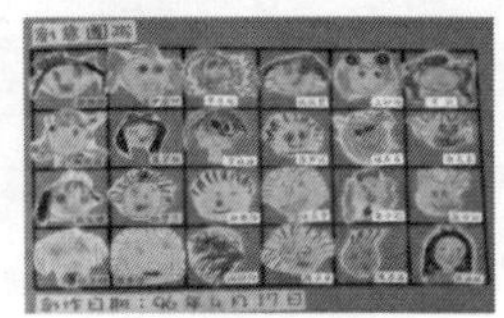

四、第三站月臺：全都睡了 100 年（繪本與肢體表現的契合）

對一個 4 歲中班的孩子而言，「100」是一個浩大無窮的數字，也是一個可以提供任意想像的遊戲空間。當老師介紹「全都睡了 100 年」給孩子時，孩子就開始熱烈討論著「100 到底有多久？」，而出現的是孩子生活中最直接的連結回應：數都數不完、可以過好多個生日、要撕掉好多日曆、人會變的很老及數完 100 年手就酸死了等。

接著老師繼續追隨孩子有興趣的話題問：「如果真的睡 100 年又會怎樣？」，此時發現孩子因開始重新解放而建構出新的想像思維，細細聆聽他們的述說，每每都有令人驚奇的讚嘆！是啊！「會做很多的夢」，這是一個令大人都會興奮的想像。那麼用什麼姿勢睡上 100 年才會是最舒服的呢！老師運用了肢體表現遊戲，讓教室變成一個自由呈現的舞臺，孩子可以跳脫平時必須「躺平」的睡姿框架，在輕鬆音樂旋律的帶動下，孩子運用肢體的張力在最小的空間裡表現出各種自己真正最想要的睡姿，你瞧！真是睡姿百態喔！

→坐著睡也可以

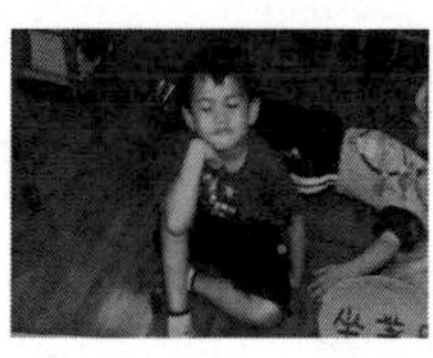

→趴著睡也不錯

當老師重複朗讀的同時，也正醞釀孩子透過聽覺走向創作的思緒階梯，因此，孩子會開始去分享書中最有趣及最喜歡的小品，在一陣自由意願投票後，「小鳥可以搭飛機嗎？」榮登最佳人氣小品寶座，而孩子也開始著手創作被激發出來的繪本──「我的 100 年」。卡西勒在（語言與神話）中說：「想要保存、直覺的進入現實，需要新的努力與活動，而這項工作靠的不是語言而是藝術。」（于曉等譯，2002，頁 107），而這種使用視覺與圖像語言來表達對世界的探索或理解是最直接有力的，對尚未具備正式書寫和閱讀能力的孩子而言，是一種額外美麗吸引人的語言。

五、再重讀孩子的最愛

重讀是因為孩子對「全都睡了 100 年」中有了一些新發現，尤其是對繪圖形式有了一些有趣的聯想，而這些小小的觸動加上孩子的想像連鎖反應，引發孩子的突發奇想：「如果人的身上也裝上翅膀……」，是啊！那將會變成怎樣呢？

孩子們的興趣是隨性的，是瞬間變換的，團體討論時孩子們的想法更是層出不窮，為了滿足孩子的想像心願，提供更多有關「飛行」的詮釋想法，以「色彩的翅膀」繪本來作為「全都睡了 100 年」閱讀後的延伸配合閱讀，藉由孩子一起深入探索某個獨特主題活動的同時，也發現孩子對於「翅膀」的形容詞彙逐漸成熟也充滿獨特性之外，更能運用幾何圖形來代表「翅膀」的形狀。老師除了鼓勵孩子使用圖像文字以及其他的媒介去呈現想法，也可以使用許多師生共同收集的素材來發現及溝通他們所知道的、想像出來的各種事物，運用這些各式各樣的自然語言來使他們的想法具體成型進而實現，在一個個媲比哈利波特魔法咒語完成後，「飛翔的翅膀」繪本完成也讓孩子有機會進行更深入的探索、更多元的創作形式內涵。

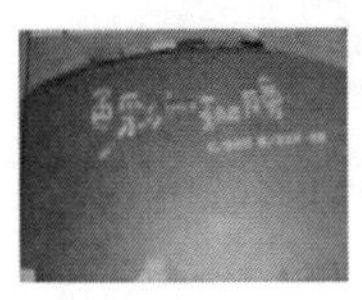
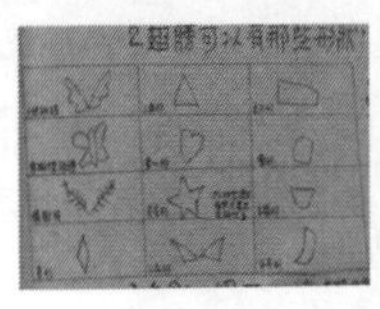

＊活動後記：

運用水彩媒材讓孩子透過敲打技巧製作創作小書的畫紙是一次特別的嘗試體驗活動（96.5.7 日誌）

六、第四站月臺：阿非——這個愛畫畫的小孩（繪本與創作的水乳交融）

以幼教老師實務經驗而言，給予幼兒肯定、自信的感受，與安全、自由的空間，讓幼兒有追求更好創意挑戰的動力，幼兒的創造力才易於提升。孩子非常喜歡「阿非——這個愛畫畫的小孩」繪本當中獨特的創作風格（展開頁的空間呈現），故事中對於孩子的社會性與情緒發展，都有極正向的教育價值，配合延伸閱讀的繪本「愛畫畫的塔克」，都是孩子非常切身感受的生活經驗，而了解自己更具自我概念價值的澄清意義。

由於學期已進尾聲，於是老師想藉由讓孩子自由發表「自己是一個怎樣的孩子」作為分享及討論議題，並進行有不同之前的創作方式，讓孩子成為創作自己故事的作家，在分享活動中孩子都能大方、清楚的說出自己的人格特質，令老師驚訝的是，孩子能用簡單的形容詞把自己形容的好貼切，因此在「勇敢秀才藝」時，孩子更顯落落大方且自在。除了讓孩子選擇自己喜歡的手製繪本 DIY 型式外，接下來的個人小書創作，孩子透過有系統的符號表達來發展他們的智力，使用圖像語言來表達對世界的探索，把畫面轉化成語言的能力，就是所謂的「想像力」，當中所延伸出來的想像空間卻是非常豐富的。

陸、終於按奈不住對林小杯的崇拜！怎麼辦？

閱讀的興趣是需要時間慢慢建立的，尤其是對文學的喜愛更要一點一滴注入培養，經過一段時間不斷閱讀及賞析林小杯的繪本創作，藉由討論的進行並融入戲劇、音樂律動、肢體創作等多元性活動，孩子逐漸學會如何去觀察及理解繪本中所要傳達的意念，更愛上了林小杯。有一天……孩子提出想看看長大後的「靜宜阿姨」變成什麼樣子？還有好多問題想問她，就有了這樣的想法——「寫信啊！寫一封信給林小杯啊！」。

於是，孩子將自己畫出來，還貼上姓名貼，用來介紹 9 班所有小朋友給林小杯認識，並且請老師將要問林小杯的問題一一寫在「我想跟小杯阿姨說」的信中，因為不知道小杯阿姨住哪？所以決定就寄到孩子逐漸熟悉的信誼出版社，希望出版社可以將信轉交給小杯阿姨手上，信封寫妥後，老師就帶著孩子滿懷希望的心到郵局去寄信了。（96/5/15 日誌）

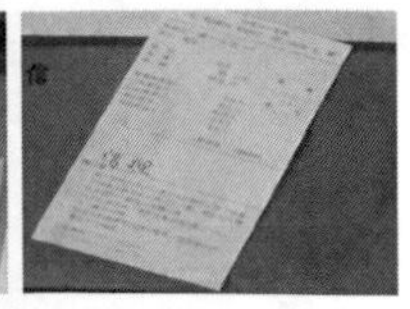

柒、望呀望呀！等呀等！

自從信寄出後，孩子每天都不忘問老師：「小杯阿姨回信了嗎？」，在共同的期盼下，終於有了令孩子雀躍不已的消息，靜怡阿姨真的沒有讓孩子失望，終於在 6 月 4 日等到小杯阿姨寄給每一位孩子的小書卡（先跟你們說再見繪本單張書卡）。當老師將信公開拆封時，孩子心情都 high 起來，尤其當在分享每一張書卡後轉交給孩子時，孩子個個都露出幸福滿足的笑容喔！當然也都說出心中的開心，意外的又知道小杯阿姨的另一祕密！原來，小杯阿姨有另外一個綽號叫「饅頭」喔！而對於孩子收到書卡，竟意外成了班上最寶貝的珍藏品呢！

捌、共譜閱讀繪本的交響曲——文學玫瑰園孕育小小創作家新書發表會

遊戲融入繪本藝術創作中，感動於生活裡，想當然爾可以達到想像無限、充滿創意的繪本文字表現歷程也就變得大膽多了，而在

個人小書創作歷程中，從決定書名、繪畫創作過程中，雖然有些孩子無法立即把畫面和語言做聯想，但孩子卻還是努力激盪敘說著，幾次老師提議說：「走！我們一起到玫瑰園去散步」PS（學校中庭花園），讓孩子在放鬆遊戲的同時仍然可以伸出更多的想像空間的觸角，當有了新想法時立即請老師協助書寫下來，這種能夠把畫面轉化成語言的能力，就是所謂的「想像力」，雖然繪本裡面的文章很短，但是句句都是菁華，也都非常美，而延伸出來的想像空間卻是非常豐富的，創作小書的過程經常就在這吹著徐徐微風的午後下逐漸誕生，也在3點一刻彈性累積時刻中成就屬於孩子夢想文學玫瑰園，次時心中深深體會到，教育原來也可以這樣浪漫！

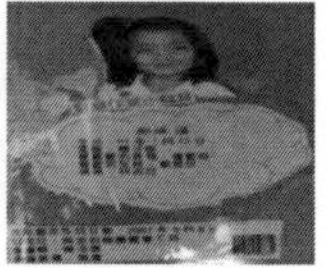

玖、小小創作家新書發表會即將開鑼了！

學期即將結束，孩子期待舉辦一場真正屬於自己的小小創作家新書發表會，為了這個新書發表會，孩子在有系統及計畫性的工作流程中，從事前的工作選擇認領到師生共同製作宣傳海報、邀請卡、工作頭套及剪綵彩帶，一直到正式在學校朝會時間進行宣傳活動、佈置會場和定位演練，孩子都實際參與整個書展公事中，而從中培養合作及良好工作習慣與態度，孩子所表現的協同互助精神是讓老師最為感動的，就在準備發表會當中，孩子的雀躍情緒也隨著創作翅膀起飛了。

新書發表會是一場真情且慎重的演出，書展能將閱讀帶入另一個閱讀的新視野，更表現孩子完成「我能讀、我能畫、我也能說」的自信肯定。書展現場分為兩個不同展示空間，第一開放視聽區是孩子共同創作繪本展示區，由十個孩子負責引介故事繪本的產生及分享故事，由於繪本是孩子共同的經歷，加上老師藉由不斷的重複閱讀，孩子透過聆聽再轉變成一個說故事者，各個都像是個架式十足的說書人喔！讓與會參觀的班級孩子們聽得可入神呢！

★新書發表實況報導

園長涖臨剪彩與活動現場花絮

進入第二區是個性化繪本主題館展示區，也就是孩子們個人的創作繪本呈現，依繪本型式及特色共分為展開書、摺疊書、洞裝標準書及平裝標準書四區，分別各由二位孩子負責解說、借閱及點收工作，孩子各司其職，讓參觀班級師生可以自由借閱，在足夠寬敞的展示新書空間和舒適設備下，或坐或趴的輕鬆享受閱讀樂趣，孩子個人的處女創作繪本更博得許多小小孩及老師們的青睞呢！

個人創作書會場　個人創作書會場　個人創作書會場

★活動後記與迴響

雖然當天有許多家長因工作關係無法親臨參與及現場感受孩子的熱情，但孩子仍就依照工作分配表完成當天的任務，並且表現可圈可點，獲得與會家長、老師們的肯定，尤其在這學期老師有計畫的進行繪本文學建構課程中，鮮活的閱讀討論和自由的創作，必然可見孩子閱讀文學繪本的樂趣被啟發，更成就了孩子「聽繪本畫繪本」的情意感動及創作火花。

★未完待續……

新書發表會主題活動的落幕，只是一個暫時的結束，經由一連串繪本深度閱讀，老師再次引導孩子進入「創作的天空」，孩子不再只是聽故事的接受者，而化身為一位創作故事的發明者，而事實也證明孩子們各自創造出一個屬於自己的精采故事，期待在未來的繪本創作探索軌跡中，我們再度擦出更驚艷的火花來。

拾、繪本課程教學實作後的教師省思

「繪本」能帶領幼兒運用豐富的想像力、色彩，超越眼前的限制，進而開啟智慧的窗口，所以欣賞繪本是一種享受。只要在教學引導的過程中提供一些多元化的想法與素材，繪本也可結合真善美三大重要元素，滿足當今社會每個人都迫切需要的元素，這也是繪本迷人的地方。

一、關於幼兒方面

在「編故事與塗鴉」之間的連結它是超越現實的，把不可能化為可能，讓人獲得心靈上的滿足與慰藉，在設計教學活動至之前，充實幼兒相關知識技能與密集互動的經驗作為創造的起始點是必須的，在老師嚐試以本土文學創作家「林小杯」的繪本進行教學中，孩子的閱讀興趣慢慢被建立起來，對文學的熱愛也一點一滴逐漸培養，更是從一個被動的故事聆聽者變成主動積極的討論和創造者，同時也對繪本閱讀形成一種有意義的探索過程。對孩子的成長、發育、智慧、學習都是非常重要的，藉由各種不同的視覺媒介去深入探索事物而獲得領悟，重新建構先前的認知，並對現象反覆探索，再建構和共同建構新的認知，我們以一系列相關的繪本作為延伸，配合創作領域課程的教學，建構、發展出有利於幼兒創造力的教學目標，讓幼兒能隨心的佈局、隨手的塗鴉，展現出幼兒的創作原意，更讓閱讀與賞析成為孩子接觸繪本的一種習慣。

二、關於個人方面

教師在建構規劃的課程中，是計畫者、支援者、協助者及引導者，就如同義大利瑞吉歐艾蜜利亞（Reggio Emillia）教育取向，（薛曉華譯，2000）在重視視覺圖像的語言傳達中，將視覺藝術結合繪本教學意義融入幼兒的學習中，協助我們了解孩子們對事物的看法與建構的過程，並讓我們梳理出其中各種的關係，雖然教師對於主題課程或概念都有不同的詮釋，但是有創作經驗的教師若能把自己的經驗帶入課程活動中，與幼兒共同創作，相信是可以尋找出實行創意繪本教學的課程計劃。透過繪本創作藝術課程統整經驗，以繪本創作外顯孩子們不同的想法，並可以進一步分析孩子們的學習過程、想法與表現之間的關聯性，成人也可以透過創作的活動來瞭解兒童世界，更能充份提供幼教教師與孩子之間有許多的辯證、溝通、合作、協商及相互瞭解的機會。

畢卡索說：「人花一段時間去學做創作藝術家，卻要花一輩子的時間去學做孩子」，孩子是天生的創作家，畢卡索終其一生所追求的繪畫表現形態，最後依然回歸到兒童上；所以，幼兒的創造能力的潛能發展是不容忽視的，因此配合不同的學習領域與創作課程發展嘗試進行學習的統整，是我們努力嘗試的教學方向，也是進行「創造思考能力」教學活動的精神重點。

參考文獻

于曉等譯（1990）。語言與神話。台北：桂冠。

何應傑（2002）。兒童閱讀圖畫書意義建構之研究。國立嘉義大學國民教育研究所碩士論文。

嘉義市。

古瑞勉（2004）。鮮活的討論！培養專注的閱讀。台北：心理。

趙忠心（1994）。家庭教育學。台北：人民教育出版社。

薛曉華（2000）。帶回瑞吉甌的教育經驗-一位藝術教師的幼教新之路。

【附件一】

創意繪本教學進行理念大綱

一、創意繪本教學理念：

1. 為何將繪本帶入教學活動中
2. 繪本的選擇方向與原則

二、主題繪本：

1. 繪本封面呈現
2 作者
3. 出版社
4. 故事大綱
   (1) 賞析
   (2) 討論
   (3) 延伸活動（戲劇、音樂律動）或延伸相關繪本閱讀閱讀
   (4) 進行主題繪本閱讀紀錄單
   (5) 創作繪本呈現：(A) 繪本作品封面
   (B) 逐頁呈現
   (6) 活動後記與迴響

三、共讀繪本到創作的歷程

閱讀→討論→思考→述說→決定書名→封面設計→協助書寫→繪畫創作→再閱讀與聆聽

新書發表會

1. 工作分配表
2. 製作邀請卡
3. 場地佈置
4. 演練

【附件二】

繪本欣賞呈現架構說明

主　　題：繪本要傳達對生活的價值觀、信念、社會或人類行為的想法、情感或意義。

情　　節：從故事開始到結尾的內容，故事發展的路線圖帶領讀者逐漸感受故事所要傳達的意義。

角色塑造：表情模樣、肢體動作。

畫面呈現：故事內頁上、下圖相互應，提供不同的空間感與延伸效果。

文　　句：呈現的流暢度及難易度。

圖文配置：圖畫與文字之間的關係及圖畫與文字編排的方式及特殊性。

色　　彩：繪本插畫中所使用的顏色。

插畫特色：包括線條、形狀、質感組成。

【附件三】

主題繪本閱讀記錄

★主題名稱：
★繪本書名：
★出 版 社：
★作　　者：
★閱讀日期：

故事圖——這本繪本我最喜歡這一頁，因為____________________

____

____

讀了這本繪本，我的想法是______________________________

____

____

小小創作家新書法表會之工作分配表

團體創作小書分享

工作項目／人員	好餓好餓的熊	好餓好餓的獨角仙	我的寵物小書	我被摸了好幾下	我被抱了好幾下	我的一百年	假裝是……	飛翔的翅膀	飛起來了	我的媽咪不一樣
解說人員	永晉	芳正	文婕	哲銘	子瑜	李涵	奕伶	柏翰	若妍	妍樺

新書主題館的類型
小小創作家個人手製繪本

解說人員（每組 2 人）	展開頁	摺疊書	洞裝標準書	平裝標準書	招待及引導組
	俊傑 昱嫻	亮甫	芊穎 宏霖	子晉 棠威	彥名 佩君 彥甫 維臻 柏鈴

9 班的小小創意作家
新書發表會即將開鑼了！

親愛的爸爸媽媽：

這學期教師嘗試以本土文學創作家「林小杯」的繪本進行教學以來，孩子的閱讀興趣在這當中慢慢的建立起來，對文學的熱愛也一點一滴逐漸培養，孩子更是從一個被動的故事聆聽者，變成主動積極的討論和再創造者，也對繪本閱讀形成一種有意義的探索過程。

從不斷且重複閱讀到創作的過程中，閱讀確實幫助孩子以自己的方式來理解世界，並且以創作故事來呼喚自己生活經驗與回應，其中老師協助將孩子口述語言轉換成圖像畫，以此作為孩子閱讀的擴展及創作的鷹架，藉由這樣自由進入想像的空間也將師生互動帶入更有趣且有意義的學習歷程。

學期即將結束，孩子期待舉辦一場真正屬於自己的小小創作家新書創作表會，為了這個新書發表會，孩子在有系統及計畫性的工作流程中，培養良好的工作習慣與態度，分工與協同互助精神，是讓老師最為感動的，這樣的感動當然要邀請您一起來分享，讓我們隨孩子的創作翅膀一起飛吧！期待您的共襄盛舉喔！

小小創意作家新書發表會

時間：96 年 6 月 15 日　　AM9：00~11：00

地點：前金幼稚園三樓活動中心

您的寶貝當天負責的工作分配為：________________________

＊以上工作分配均尊重孩子的自由選擇意願

幼稚園創意教學理念
及實務經驗分享二
——戲劇教學

張怡芸、林寶琴
高雄市立前金幼稚園教師

壹、緒言

我們是活潑的「捉馬 Drama」高手，在戲劇的天空中，我們找到了新的教學方向；透過教育戲劇，我們運用了更多元的技巧，帶領孩子走入豐富的想像世界；透過教學團隊的運作，我們結伴走入多彩多姿的戲劇王國；藉由不斷對話與省思，我們看見了自己的迷思，走出了自己的幼教路。

教師的行業基本上是一種研究型的表演業，上課時，教室就是劇場；老師不只是演員，有責任也要有本事，才能知識與智慧，透過表現的方式呈現給幼兒，教師同時是編劇，更是導演，將生活及孩子經驗結合起來，把戲劇當成隨手可得的資源。

原來，演戲這麼簡單，不需透過繁瑣的排練，教室中自然形成的情境，讓孩子展現了自我的個性及潛能，透過戲劇，不需教條式的叮嚀，孩子以更多元的角度觀察週遭人事物。

貳、戲劇教學的類別

戲劇的表現，是一種經由內在的探索、創作到具體表達分享的歷程，其中必須經歷「我是」以及「假如我是」的過程，感受與經驗在其中獲得確認而得到表達的機會，因而在情緒教育中，戲劇的形式能有效的發揮其功能（McCaslin，1996；郭俊賢、陳淑惠譯，民 88）。以下是幼兒戲劇的範疇（陳仁富，2005）

1. 幼兒自發性遊戲——例：扮家家酒、建構積木、想像遊戲……等
2. 創造性戲劇，教育戲劇，發展戲劇
3. 教育劇坊——例：教育劇場
4. 參與劇場——例：豆子劇場
5. 兒童劇場——例：說故事劇場

參、淺談創造性戲劇與教育戲劇

目前戲劇的兩大主流為創造性戲劇與教育戲劇，以下針對這兩種戲劇主流做一說明，讓大家明瞭其中的異同與優點。

一、創造性戲劇

（一）定義

創造性戲劇是一種即興的、非展示的、且以程序進行為中心（Process-Centered）的戲劇形式。參與者在領導者的領導下，去想像、實做（Enact）並反應出人們的經驗。創作性戲劇同時需要邏輯與本能思考（Logical and Intuitive），個人化之事並產生美感上的愉悅，其程序適用於所有的年齡層（引用林玫君，民 92；張曉華，民 89）。也就是說創作性戲劇是一種：以戲劇形式來從事教育的一種教學方法與活動，主要在培育兒童的成長，發掘自我資源。提供制約與合作的自由空間，發揮創作力，使參與者在身體、心理、情緒與口語上，均有表達的機會，自發性其中，以為自己未來人生之所需奠定基礎。（張曉華，民 88）

（二）教學目標

1. 增進幼兒語言表達能力。

2. 增進幼兒的學習意願。
3. 培養幼兒對戲劇藝術的學習與欣賞。
4. 促進兒童人格之成長，發揮自我潛能。
5. 提供合作與互動的自由空間，藉以發揮想像力及創造力。

（三）活動的內容（張曉華，民 88）

1. 想像（Imagination）
2. 肢體動作（Movemment）
3. 身心放鬆（Relxation）
4. 戲劇性遊戲（Game）
5. 默劇（panttomine）
6. 即興表演（Inprovisation）
7. 角色扮演（Role playing）
8. 說故事（Storytelling）
9. 偶戲與面具（Puppetry and Masks）
10. 戲劇扮演（Playmaking）

二、教育戲劇

（一）定義（陳仁富，民 95）

教育戲劇（Dram-in-education，簡稱 D-I-E）是指在教室中以戲劇為媒介進行『議題』探討，引導者（老師）帶領參與者（學生）進行戲劇的情境中，師生在所設定的議題中以『劇中人物』或『一般的討論者』進行互動，學生透過即興參與的方式進行體驗角色、發展情節，最後進而解決問題。透過課堂中彼此的激烈討論，增進學生多元角度思考能力。

（二）基本精神

綜合各家所言（Neelands，1984；Simons，2001；S0mers，1984；2001；陳仁富，2005）戲劇歸納出下列幾項基本精神：

1. 戲劇應明確的定位以孩子為本位，也就是要從孩子既有的語言、經驗及興趣出發。藉由老師的引導把新的理解方式，帶入孩子現有的遊戲經驗和其它形式的戲劇互動及模仿行為中，從而擴展個人經驗及文化的發展。
2. 在教育的情境下，戲劇並非只是傳達戲劇技術，而是想像經驗的建構。想像經驗藉由遊戲及戲劇的規則引導，成為一個讓孩子實地試驗新的角色、語言、想法、概念及價值的有效的情境，在這樣的情境中，戲劇應注重孩子的經驗過程，而非表現。
3. 戲劇是實用及實做的，需要情意與認知的配合，將個人的直覺與學科的知識做結合。藉由「何人、何時、何地、何事」等戲劇元素的運用，將教室中的學習融入戲劇情境中。
4. 戲劇是藉由社會互動的方式創造及詮釋人類的經驗，其過程是經由想像的動作及語言來增進現實生活中的動作及語言，並相輔相成。
5. 戲劇若能適當的運用，則能成為一個有效的教學媒介。它並不視為一種科學或課程領域。它應視為一種教室資源，可讓學生和老師就如同美勞材料一般容易獲得的教學資源。

6. 戲劇並不單依賴專家或表演廳場地(雖然戲劇無疑的是藉由以上兩者而發展的),而是讓老師在所有可利用的場地進行戲劇教學。
7. 戲劇可視為一種學習經驗延展擴充,起源從孩子間的遊戲,延續到藝術型態戲劇的文化及個人發展。換言之,為了聚焦及加深孩子的學習經驗,老師可嘗試藉由戲劇將孩子現有的經驗,與新的學習教材做結合。

(三)課程內涵

教育戲劇的內涵主要為語文表達、人文及藝術三部分;在此課程內涵中,透過老師運用「教育戲劇」概念進行教學,教學主題的探索不再只是口語討論,而是透過戲劇的架構與手法,讓師生得以在戲劇更真實或是虛擬的情境中想像與互動;這樣的教學模式,營造了一種既理性又感性的氛圍,這樣的教學方式,目的不在教育出會演戲的人,而是要培養出有感受、能思考、善於表達溝通,也能尊重他人、與人合作的個體與群體,而這些能力,在現今績效導向的社會中,最常也最容易被忽略。因此,我們透過戲劇的方式教育培育孩子健全的人格,擁有『帶著走的能力』,使之能發現問題並解決問題,這是最重要的課題。

教育戲劇課程內涵

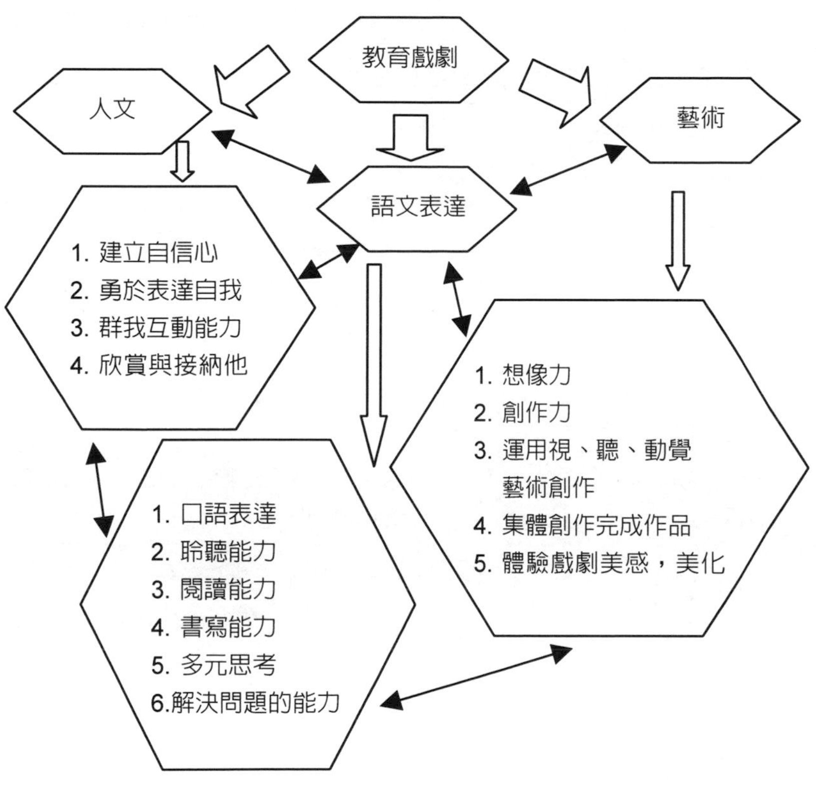
教育戲劇
人文
藝術
語文表達
1. 建立自信心
2. 勇於表達自我
3. 群我互動能力
4. 欣賞與接納他
1. 想像力
2. 創作力
3. 運用視、聽、動覺
藝術創作
4. 集體創作完成作品
5. 體驗戲劇美感，美化
1. 口語表達
2. 聆聽能力
3. 閱讀能力
4. 書寫能力
5. 多元思考
6.解決問題的能力

教育戲劇技巧（Needlands &Goode，2001）

教學方法	活動說明
老師入戲 （Teacher in role）	老師扮演戲劇中的角色，拋出問題尋求協助，因此它是發展教育戲劇的關鍵。
靜像 （Tableau or Still Image）	運用肢體停止的姿勢，以展現整體想表達的一刻。
專家的外衣	學生扮演不同專家的角色，去探究並扮演不同專家的看法
旁述默劇	有些故事的內容有足夠的動作表現，因此你可以選擇其中的一段一邊大聲念出來，一邊請學生以默劇的方式演出
坐針氈 （Hot-seating） 焦點人物	故事中的角色，坐在椅子上接受大家詢問與其角色相關的問題，亦可藉此活動探索這角色的內心世界。
電話交談 （Telephone Conversations）	利用聽到一方的談話內容，去編導整個戲劇的情節或後續的發展。
報導文學 （Reportage）	可以經由新聞報導、新聞體裁、封面故事、電視新聞和紀錄片的方式來闡釋或是呈現某些事件的原貌。
行動故事 （Action Narration） 邊做邊講	由參與戲劇演出的人，以敘述故事的方式來描述當他們處身於戲劇場景中和其他人對話時的動作。
論壇劇場 （Forum-Theatre）	選擇能夠引起話題或是與戲劇相關的經驗的情境來進行表演讓其他人觀看。不管是演員或是觀衆，如果當任何一方覺得目前正在進行的演出已經偏離了主題，或者需要協助，

	或是認為這齣戲劇已經失去真實件的話，他們都有權力停止任何正在進行的動作。觀衆有時候可以成為戲劇中的一部分或是取代其中的角色來進行演出
思考軌跡（Thought-Tracking）	這一項表演方式可以公開地顯露出，參與演出者在某個時刻的表演過程中的個人想法和反應，而藉此讓表演者發展出一個對於自我表演方式的反映態度以及藉此出突顯外在的表演、談話與內在思考之間的對比。在進行這項表演活動時，可以將表演的動作暫時靜止著，然後參與演出的人便可以開始將想法表現出來，或者這些想法也可以和“靜止畫面”表演法一起搭配進行演出。
信件	由老師傳送信件給全班或小組，以介紹手邊戲劇中心的想法、焦點或張力。
集體角色（Collective Character）	一組學生即興扮演某一個角色，每一個學生都能以角色身份發言；讓不同態度都能或的表達，即集體角色同組成員間也有對話。

上述教育戲劇的教學方法，就如同廚房內的各種原料，廚師可以根據所要設計的菜色（課程），選擇最需要的原料加以組合，經過廚師（老師與學生）的精心烹調而成為可口的菜餚（學習成果）。

肆、活動實例分享：以教育戲劇教學為主軸的戲劇教學實例分享

一、教學主題～國王的新衣

【活動一】繪本「小雲兒與裁縫師」

介紹完這本書後，老師利用戲劇技巧「專家的外衣」扮演服裝設計師，介紹翔媽製作衣服的工具，透過實物的介紹讓孩子更了解製作衣服的工具有哪些?（孩子對設計師的工作包很感興趣，實際介紹時他們也很專注並會主動提問）

【活動二】參觀阿甫家服飾店

參觀奕甫家服飾店並認識不同的服裝搭配和配件。小朋友參觀服裝店後，對店內的服飾有更深入的了解，之後我們來個變裝秀，請小朋友穿上店內的衣服及配件，穿上大人衣服的孩子，連模樣及神情都不一樣了呢？（戲劇技巧～角色刻畫）

【活動三】一塊布的遐想

老師利用「即興表演」的技巧，拿了一塊布讓小朋友實地出來表演，想想一塊布能變成什麼東西呢！布可以用來做什麼呢!小朋友的想像力可豐富呢!楷說：可以拿來當風箏，翔說：可以拿來當

跳繩，羽說：可以用來變魔術，把人變不見，小朋友的想法是不是很有創意呢!

老師入戲扮演皮爺爺示範一塊布可以變什麼？	小朋友將布披在頭上，說自己是一個鬼。

【活動四】皮媽媽縫鈕釦

分組活動時，有時因小朋友人數過多不易指導，所以常會邀請家長協助教學帶小組，請翔媽前來協助教學，翔媽運用戲劇技巧，扮演「皮媽媽」專家的角色指導孩子縫鈕釦的技巧，孩子們覺得很有趣，過程的參與度很高。

【活動五】：「棒棒糖服飾店」開幕活動

1.引起動機

老師以「教育戲劇」的方式～「老師入戲」扮演國王，幼兒則變成「法法度的人民」，為感謝法法度人民協助製作「棒棒糖服飾店」，國王特舉辦「服飾店開幕儀式」及「化妝舞會」，邀請鄰國國王及法法度人民一起參與舞會・

2.活動過程

活動 1——「棒棒糖服飾店」開幕典禮

國王邀請鄰國國王（家長入戲～扮演鄰國國王）為「棒棒糖服飾店」剪綵。

活動 2——「化妝舞會」

國王邀請人民（幼兒）一起共舞，人民成二人一組配合音樂舞蹈。

活動 3——超級變裝秀

在舞會結束後，國王露出煩惱的臉色，原來是擔心服飾店的衣服不知穿起來好不好看？於是詢問法法度的人民（幼兒扮演專家）是否可以幫國王解決煩惱？國王藉由與人民的討論互動中，讓人民提出解決的方法（誰要當模特兒？沒有舞台怎麼辦？），聰明的柔馬上想到可利用娃娃家的配件及服飾來表演，也想出以桌子來當舞台的點子，緯也想到可以自己來當模特兒表演走秀，孩子非常熱烈的提供許多方法~包括舞台、服裝及表演的人員，頓時老師覺得孩子真的相當投入於戲劇情節中（運用此戲劇技巧，增進了孩子的思考能力及解決發現問題的能力。）之後依據人民答案再隨機挑出 5 名志願者，利用服飾店的物品做裝扮，並配合音樂走秀（即興表演）。

延伸活動——服裝表演秀【即興表演】

變裝秀結束後，國王心情大悅，問有沒有人民想要出來表演服裝秀？讓有興趣表演的孩子隨性上台服裝秀一番（盡量鼓勵每位幼兒都能上台走秀）。由於事前看過走秀的影片及討論過走秀的注意事項，所以大部份的孩子在上舞台走秀時也都能面帶微笑、擺出合宜的姿態，當然也會有一些較害羞的小朋友囉，大致說來，表現是一級棒喔！。

3.綜合活動

(1) 票選「最佳造型獎」——從 5 名參賽者選出 1 名最佳服裝造型者。

(2) 頒獎給「國王標幟」設計者的冠亞軍。

(3) 宴會開始——所有的表演結束後，大臣送上「蛋糕」，國王以此蛋糕慶祝今天活動圓滿結束，並宣布宴會開始，大家一起享用蛋糕。

國王邀請鄰國國王為「棒棒糖服飾店」剪綵。

小朋友利用娃娃家的衣服「即興服裝表演」。

二、教學主題～童話世界

（一）白雪公主

【活動一】魔鏡與我

利用教育戲劇中「集體角色」的技巧， 讓孩子分群組扮演不同的角色。一組扮演「我的角色」，一組扮演「魔鏡的角色」，彼此做不同的對話。

我的角色	→	魔鏡的角色
雄：我想要成為一個彈珠戰士		博：不行，世界上沒有彈珠超人
宣：我想要彈珠超人		芸：可以，可以請媽媽買給你
瑋：世界上有沒有爸爸媽媽		楷：有，你的爸媽就是了
羚：我想要一顆星		緯：可以去買一個螢光亮亮的星星
誠：我想要有一支手錶		晨：可以，去買一支手錶就可以了
君：我可以長高嗎？		翔：多吃菜才會長高變大力士
齊：我長大可以去買菜嗎？		懿：可以，只要去菜市場就可以了
岑：要變成賣髮夾的老闆		熙：可以，去髮夾店賣就好了

薰：我爸媽會賺大錢，有漂亮的家嗎？
禎：可以，認真賺錢再請人來蓋房子

縈：可以拿洋娃娃嗎？
可：不行，因為你沒有錢可以買

瑄：我想要變成一個小天使
榕：可以去買一個天使的翅膀

樺：可以幫我變成一個美麗的人嗎？
晴：行，只要做好事就會變漂亮

甫：希望我有很多彈珠超人
翔：可以，只要你認真賺錢就可買很多彈珠超人

佳：可以幫我變成白雪公主
齊：化妝就可以了

【活動二】白雪公主求救篇

問題一：

老師利用教育戲劇的技巧～『老師入戲』扮演白雪公主，非常苦惱的向小朋友訴說屢次被壞心皇后所欺騙，不知該如何拒絕壞心皇后的誘惑，「小朋友則扮演專家的外衣」提供拒絕誘惑的方法：

熙：有人叫你時，躲在床底下

晨：有人叫你時，不要開門，不要理他

誠：要記住小矮人的話，不要亂開門

博：聽對方的聲音，好人的聲音好聽，壞人的難聽

緯：把家裡的門和窗鎖起來

雄：把耳朵塞起來，就不會聽到別人在叫你

楷：別人拿東西給你，可以看就好，不要摸

博：把眼睛遮起來

翔：把壞人趕走

萱：假裝在睡覺，讓他覺得沒有人在家

師：裝錄影機

霖：用石頭綁在門上面，壞人進來就會被打到

薰：用管子做陷阱讓壞人跌倒

芸：把耳朵塞住

博：在門口下面用繩子做陷阱，讓壞人跌倒

絜：把門縫遮起來，讓壞人看不到裡面情形

誠：用耳機聽音樂，就聽不到壞人的聲音

雄：把窗戶塗黑黑的，壞人看不到裡面

問題二：

小朋友扮演專家的外衣～法官的角色，教壞心皇后用什麼方法可以讓自己更美麗？

緯：你害死白雪公主，不應該

誠：不要問魔鏡誰是最漂亮的

楷：不要當壞皇后

雄：每天化妝

榕：記得擦口紅

緯：從心裡面覺得自己漂亮，別人也漂亮就不會去害人了

博：用漂亮機一靠近就會把你變漂亮

晨：不要照鏡子就好了

雄：把魔鏡丟掉

薰：不要去傷害別人

老師：幫助別人、照顧別人，做善事

懿：不要傷害白雪公主，自己就會變得漂亮

誠：自己認為自己很漂亮，別人很醜

熙：畫眼影就會覺得自己漂亮

誠：把買漂亮衣服的錢捐給別人

（二）大野狼與七隻小羊

【活動一】大野狼來了，牠會做什麼？

【會議的方式引發討論】

博：只是要借糖做蛋糕，不是要吃牠們

緯：送禮物和牠們一起跳舞

佳：牠會吃掉小羊

蓉：牠會偷小羊家的東西

翔：牠跟小羊跳舞，玩在一起

霖：幫羊媽媽打掃家裡

芸：牠的肚子很大，看起來就像偷吃別人的東西

誠：肚子餓了，找冰箱的東西吃

晨：牠把小羊家裡弄得亂七八糟，還把房子吹倒

齊：牠把小羊吃掉，讓羊媽媽很傷心

【活動二】如果大野狼進來你家，你會怎麼辦？

【會議】

雄：會拿東西給野狼吃

博：我會和牠一起溜滑梯

緯：我會從煙囪先逃跑

絜：我會趕快跑出去

翔：在煙囪下準備火，讓野狼屁股燒焦

齊：把地板弄濕，讓野狼滑倒

樺：用掃把把牠趕出去

甫：和牠做好朋友

縈：把大野狼殺來吃

岑：做一個陷阱，讓牠掉進洞裡面

佳：門口架設錄影機，看到牠來時把門鎖起來

薰：請牠喝下午茶

【活動三】「大野狼與七隻小羊」即興戲劇創作

1.引起動機

老師以「教育戲劇～電話交談」接到「仙度拉皇后」的電話，告知大家皇后 50 歲生日即將到來，要舉辦一個慶祝會，邀請大家表演一齣戲劇給皇后看。

2.活動過程

活動 1——「大野狼的心內話」

老師利用「教育戲劇~集體角色」的方式，讓大家分飾不同的角色，進入情景。國王接到士兵通知，大野狼即將入侵，十分憂慮前往察看。記者（報導文學的技巧）發現大野狼的身邊聚集羊群，向前進行採訪，與現場羊群互動，瞭解大野狼的真正目的。

活動 2——皇后 50 歲生日慶祝會～「大野狼與七隻小羊」改編版即興戲劇創作

教育戲劇：集體角色創作

仙度拉皇后和國王蒞臨，觀賞大家表演的改編版——「大野狼與七隻小羊」。大野狼到小羊家中，結果受到一連串的陷阱折磨，當小羊高興打贏大野狼，才聽到大野狼的真實告白，原來大野狼太寂寞，想要找小羊們當好朋友，小羊得知後，不但和大野狼說：「對不起！」也願意和大野狼成為好朋友，最後大家一起唱歌跳舞，畫下完美的句點。

3 綜合活動

戲劇表演完，大家恢復自己的身份，分享自己在戲劇表演過程中，扮演角色或參與演出的心得。

老師及家長一起入戲，扮演「大野狼的心內話」。

小朋友用「即興肢體創作」表演自己改編的戲劇。

三、教學主題～「打狗傳奇」

【活動一】小丸子逛校園

「老師以入戲的方式」扮演剛來上學、有些害怕的小丸子，幼兒則以在校生～專家的身份帶領小丸子認識校園。

【活動二】小丸子的包裹

老師扮演小丸子，以教育戲劇－信件的方式，收到一個神秘包裹，引發孩子的討論（會議的技巧），包裹裡有什麼？包裹是誰寄的？一封信裡面的內容又是什麼？

【活動三】麻吉要來囉！

包裹及信件原來都是小丸子的好朋友～麻吉寄來的，信中表示想要來高雄遊玩，請小丸子介紹高雄好玩的地方。這時老師扮演的小丸子請幼兒扮演專家，提出高雄有哪些值得去的景點？

【活動四】麻吉遊高雄

在一陣激烈的票選後，決定出個想帶麻吉去的景點，之後我們帶著麻吉小玩偶一起遊這三個景點，當然在遊玩的過程中，也有幼兒扮演小丸子喔！

【活動五】麻吉遊愛河

麻吉在遊玩的過程中偶然經過愛河，覺得又臭又髒，便和孩子做起討論來，愛河為什麼會變臭？髒水從哪裡來？如何讓愛河變乾淨？孩子此時變身為治水專家，孩子再度扮演專家提供他們的想法及建議。

老師入戲扮演「小丸子」收到包裹。

我們帶小丸子的好朋友～麻吉，一起遊文化中心。

伍、教育戲劇教學的現況

教育戲劇雖然在焦點、內容或方法上有所不同，但教育戲劇之「本質」仍與創造性戲劇相似，強調自發即席參與的過程，是一種著重思考開發，而非表演技術的戲劇形式。（林玫君，民 92）。教育戲劇是實際可行的戲劇教學模式，很容易融合於幼稚園的故事或主題活動中實施。對任教的老師而言，因為教育戲劇教學的目的是探討教學主題而非學習戲劇表演，實施起來較不會有人力不足或常規不易掌握的問題，同時教育戲劇能提供幼兒戲劇活動中較缺乏的口語表達機會。（陳仁富 2005），雖然教育戲劇有許多教學上的優點，但實行上仍有一些困境，現在就其優點及困境做一說明：

一、教育戲劇教學的優點

戲劇是『完全以兒童為中心』，因為運用兒童既有的知識、理解力、興趣和語言，然後朝著這些領域的發展延伸，因此戲劇可強化孩子在每個領域的學習。另外，規劃戲劇課程也是很重要的，如此才能提供幼兒不斷做決定，和解決問題的機會，而發問問題的教學技巧，有助於老師實務課程的規劃，戲劇很適合提出沒有對錯的問題，幼兒能自由的想像、回應、

預測、思考、假設、合理化，建立理論和評估。（John OToole &Julie Dunn，2002，劉純芬譯）。由此可知，戲劇教學在課堂上的運用，無形中成為老師教學上最佳的助力，其優點如下：

（一）縮短師生間的互動距離

戲劇教學是孩子最喜歡的課程模式之一，因此以戲劇為課程的因子，往往很快就能吸引孩子的注意力或興趣，無形中縮短老師和幼兒對話的距離和時間，彼此互動更加頻繁。

（二）在輕鬆愉快的戲劇活動中，可增進孩子學習的動機、及專注力。

（三）培養幼兒思考問題、發現問題及解決問題的能力

從事戲劇教學的過程中，往往會拋出許多議題讓孩子思考或回答，在這腦力激盪的過程中，無疑就是培養孩子的思考能力、發現問題及解決問題的能力。

（四）戲劇滿足孩子表演的慾望並鼓勵幼兒勇於展現自我，進而抒發幼兒情感

不管是靜態的教育戲劇或是動態的創造性戲劇，都有很多機會讓幼兒勇於發表，展現自己獨特的一面。

（五）戲劇活動能培養孩子互相尊重、欣賞的態度以及體認團結合作的重要

許多的戲劇表現形式都是必須透過與他人合作才能完成的，藉由合作過程中增加孩子彼此之間的互動，也提昇了自我的能力。

（六）增進幼兒的想像力及創造力

戲劇充滿了想像的空間，每一個人都可以在戲劇的天空下，讓自己的想像力、創造力恣意飛翔，也可經由與他人的學習，激發自己更多的想像及創造力。

（七）建立正確的道德及價值觀

戲劇不只是情感的抒發，藉由戲劇教學的過程中，傳達正確的教育概念，建立與釐清正確的道德及價值觀。

（八）增進親子關係

透過戲劇教學的活動，讓孩子變得更加活潑有自信，也更樂於與家長分享學校生活點滴。

二、教育戲劇實施的困境

（一）推行不易

教育戲劇不像一般的戲劇教學為人所知，它還是必須經過專家的指導或從旁協助才能進一步明瞭教育戲劇的內涵精神及實施方法，對初次接觸的老師若無持續的在教學上運用此法，很難瞭解教育戲劇的優點在哪？除此之外，因為不是十分普遍的教學方法，所以較缺乏同儕的互動及學習，進步的幅度也會受到影響，無形中造成一般老師的接受度較低，認為是一種較難推動的戲劇教學法。

（二）教學方法的運用

教育戲劇的教學技巧相當多，但是適用於幼稚園的幼兒並不多，一開始因技巧不夠純熟及經驗的累積不夠，常會不知道什麼狀況下要用哪種教學方法？或是用錯教學方法，因此在帶領孩子進入課程上會有不流暢的情形，或是得不到預期的結果，容易有挫折感產生，所以，老師也會因技巧運用的不順利而打退堂鼓。唯有經過一次又一次的揣磨，累積自己的經驗，從失敗中及同儕的相互學習，透過不斷的討論、分享、領悟教學方法運用的技巧及時機，才能體會其中的樂趣。

（三）老師的問答技巧

在教育戲劇中常常需要拋出某些議題和幼兒討論，於是老師的問答技巧就很重要，如何將問題用淺顯易懂的方式讓幼兒明白，進而能針對問題作發表或討論，讓課堂參與度提高，這對老師的問答技巧能力是一大考驗；除此之外，問題的難易度有無符合幼兒的年齡層、能否引發幼兒開放又熱烈的討論以及老師是否能用開放的態度接納幼兒的回答、是否有充裕的時間讓孩子思考，這些都是在教育戲劇中常會面臨的困難。

（四）教案設計不易

在幼稚園現有課程中，很難設計一個完全以教育戲劇推動的課程，因與幼兒的年齡及心理成熟度的關係，有些教學方法適用於年齡較大的孩子，若用在較小的幼兒身上，不但不能發揮效用還會造成幼兒無法理解，因此不是每個課程都能用教育戲劇的方法，而是要挑選幼兒有興趣、熟悉的主題或單一活動設計相關的戲劇活動，因此教案的設計更要費盡心思。

（五）幼兒反應

教育戲劇的教學上會花較多的時間在議題的討論上，所以一旦討論時間拖得太長，某些孩子就會出現分心的狀況，而議題的內容太過艱深不易明白，也會造成幼兒離題或不專注的現象，另外對於較內向不愛發表的孩子，容易受到忽略，因此對這些孩子，需要有更多的鼓勵與讚美，讓他們透過教育戲劇的方式能更勇於表現自己，增進同儕間的互動，擴展人際關係。

陸、結論及建議

一堂好的戲劇課，最重要的教學目標，就是將主權移轉給幼兒，完全以兒童為中心（周小玉譯，2003），運用兒童既有的知識、理解力、興趣和語言，然後朝著這些領域作發展延伸，強化孩子在每個領域的學習。開始進行戲劇課前，很重要的是要孩子知道他們即將一趟虛構的旅行，想像的戲劇經驗，更鼓勵幼兒運用語言和思考，有助於科學學習的能力（周小玉譯，2003）。戲劇課程的實施時，老師要願意等候，緩慢推動課程，保留成人的專家意見，允許幼兒提出建議，給予幼兒空間和思考的時間，促使戲劇發展出更深刻的意義，這正是締造戲劇課程成功的另一特徵。總之，實施戲劇教學時要攫取戲劇的精隨，不要將自己侷限在某一種教學法中，並把它融入生活中不要刻意的去獨立它，接受孩子對於戲劇活動所產生的不同反應，重視同儕間的互動的學習（吳昭宜，2002），如此戲劇教學才能越來越得心應手。

最後以這一段話和大家共勉之：

在捉馬（Drama）的國度裡，我們重拾那一片真；
在捉馬（Drama）的國度裡，豐富孩子的童年；
有夢想的孩子最幸福，築夢的老師在捉馬（Drama）；

參考文獻

郭俊賢、陳淑惠譯（民 88）。多元智慧的教與學。台北：遠流。

張曉華（民 88）。創造性戲劇原理與實作。台北：成長文教基金會。

吳昭宜（2002）走入幼兒戲劇教學的殿堂：一個幼稚園大班之行動研究。國立屏東教育大學國民教育研究所碩士論文，未出版。

林玫君（民 92）。創造性戲劇之理論探討與實務研究。台南市：供學。

周小玉譯（2003）。戲劇抱抱。台北：成長文教基金會。

陳仁富（2005）。教育戲劇在幼稚園實施的教學省思。收於 2005 年「藝術教育研究的回顧與展望」學術研討會論文集。173-192。

劉純芬譯（2005）假戲真作，做中學。台北：成長文教基金會。

陳仁富（民 95）高雄市立前金幼稚園發展專業特色到園輔導方案研習手冊。高雄市：前金幼稚園。

Somer，J （2002）。戲劇教育在英國統整課程中的現況與展望。國民中小學戲劇教育國際學術研討會論文集。台北：國立台北藝術教育館。

Needlands，J.Goode，T（2001）。Structuring Drama Wark-A handbook of a available forms in theatre and drama。UK Cambridge University Press。

國家圖書館出版品預行編目

幼稚園創新教學理念與實務 / 黃文樹等作.--
一版. -- 臺北市 : 秀威資訊科技, 2009.10
面 ; 公分. -- (社會科學類 ; AF0121)
BOD 版
ISBN 978-986-221-323-0(平裝)

1. 學前教育 2. 創造思考教學

523.21 98019436

社會科學類 AF0121

幼稚園創新教學理念與實務

作　　者 / 黃文樹
發 行 人 / 宋政坤
執行編輯 / 藍志成
圖文排版 / 蘇書蓉
封面設計 / 陳佩蓉
數位轉譯 / 徐真玉　沈裕閔
圖書銷售 / 林怡君
法律顧問 / 毛國樑　律師
出版印製 / 秀威資訊科技股份有限公司
台北市內湖區瑞光路 583 巷 25 號 1 樓
電話 :02-2657-9211　　傳真 :02-2657-9106
E-mail：service@showwe.com.tw
經 銷 商 / 紅螞蟻圖書有限公司
台北市內湖區舊宗路二段 121 巷 28、32 號 4 樓
電話 :02-2795-3656　　傳真 :02-2795-4100
http://www.e-redant.com

2009 年 10 月 BOD 一版
定價：320 元

讀　者　回　函　卡

感謝您購買本書，為提升服務品質，煩請填寫以下問卷，收到您的寶貴意見後，我們會仔細收藏記錄並回贈紀念品，謝謝！

1.您購買的書名：______________________________

2.您從何得知本書的消息？

☐網路書店　☐部落格　☐資料庫搜尋　☐書訊　☐電子報　☐書店

☐平面媒體　☐ 朋友推薦　☐網站推薦　☐其他___________

3.您對本書的評價：(請填代號　1.非常滿意 2.滿意 3.尚可 4.再改進)

封面設計____　版面編排____　內容____　文/譯筆____　價格____

4.讀完書後您覺得：

☐很有收獲　☐有收獲　☐收獲不多　☐沒收獲

5.您會推薦本書給朋友嗎？

☐會　☐不會，為什麼？______________________________________

6.其他寶貴的意見：____

____

____

____

讀者基本資料

姓名：_____________________　年齡：______　性別：☐女　☐男

聯絡電話：_________________　E-mail：_____________________

地址：____

學歷：☐高中(含)以下　☐高中　☐專科學校　☐大學

☐研究所(含)以上　☐其他________________

職業：☐製造業　☐金融業　☐資訊業　☐軍警　☐傳播業　☐自由業

☐服務業　☐公務員　☐教職　☐學生　☐其他___________

請貼
郵票

To：114

台北市內湖區瑞光路 583 巷 25 號 1 樓

秀威資訊科技股份有限公司　　收

寄件人姓名：

寄件人地址：□□□

(請沿線對摺寄回,謝謝!)

秀威與 BOD

BOD（Books On Demand）是數位出版的大趨勢，秀威資訊率先運用 POD 數位印刷設備來生產書籍，並提供作者全程數位出版服務，致使書籍產銷零庫存，知識傳承不絕版，目前已開闢以下書系：

一、BOD 學術著作—專業論述的閱讀延伸
二、BOD 個人著作—分享生命的心路歷程
三、BOD 旅遊著作—個人深度旅遊文學創作
四、BOD 大陸學者—大陸專業學者學術出版
五、POD 獨家經銷—數位產製的代發行書籍

BOD 秀威網路書店：www.showwe.com.tw
政府出版品網路書店：www.*gov*books.com.tw

永不絕版的故事・自己寫・永不休止的音符・自己唱